한국사에 감동하다

한국사에 감동하다

세계에 자랑해도 좋을
감동의 역사를 읽는다!

| 원유상 지음 |

좋은날들

감동적인 우리 역사에 한 걸음 더 다가가기

어떤 사람이 흰 도화지 한가운데에 점이 그려진 것을 상대에게 보여주며 이렇게 묻습니다.

"뭐가 보이세요?"

"까만 점이 보이는군요."

"아쉽네요. 이렇게 넓고 하얀 여백을 보지 못한 채 작고 까만 점만을 보다니요……."

이 이야기는 십여 년 전 어느 만화 작가의 작품에 나오는 대화입니다. 저는 이 만화를 굉장히 인상 깊게 보았습니다. 그리고 느끼는 바가 참 많았습니다. 백 명의 사람을 놓고 흰 도화지에 점이 그려진 그림을 보여 주면 대다수가 까만 점이 보인다고 할 것입니다. 하얀 여백에 주목하는 사람은 아주 드물 테지요.

그런데 사실 점보다 더 넓은 자리를 차지하는 것은 하얀 여백입니다. 사람들 대부분은 눈에 확 들어오는 것에만 집중하지 그 뒤에 가려진, 아니 곁에서 분명히 볼 수 있는데도 잘 보지 못하는 경우가 많습니다. 어쩌면 그 여백이 더 중요한 의미를 가질 수도 있는데 말이지요.

우리의 역사와 문화유산을 바라보는 시선도 마찬가지라고 생각합니다. 우리가 이미 알고 있는 역사와 문화유산의 '까만 점' 외에도 우리가 놓치지 말아야 할 역사와 문화유산의 '하얀 여백'이 너무도 많습니다. 우리가 얼마든지 자랑할 수 있는, 그리고 그 가치를 이해하고 감동할 여백 말입니다.

바로 그 여백을 바라보는 것은 매우 중요합니다. 우리의 역사와 우리의 문화유산입니다. 더욱 잘 이해하고 더 많은 긍지와 자부심을 가질 때 이 땅 대한민국에서 그리고 국민으로서 오늘과 내일을 살아갈 큰 힘을 얻을 것이기 때문입니다.

하지만 아쉽게도 자랑스러운 우리 역사와 문화유산에 대해 우리는 아직도 모르는 게 너무 많은 것 같습니다. 한국사를 빛낸 위대한 인물들의 이름을 줄줄이 댈 수 있고, 그들의 업적에 대해 단편적으로 말할 수는 있습니다. 그렇지만 숱한 고난 속에서도 감동의 삶을 살아낸 그간의 사정에 대해서는 잘 모르는 경우가 적지 않습니다. 예컨대 독립운동가로서 안중근의 업적을 기억하지만 서울 효창공원에 있는 안중근의 가묘가 지금 이 순간에도 그를 기다리고 있다는 사실, 안중근의 어머니가 그에게 왜 그토록 단호한 편지를 보내야 했는지에 대해서는 잘 알지 못합니다. 이런 배경을 이해하면 위인들의 삶이 다시 보이고, 우리 역사가 다시 보이는데 말이지요.

문화유산 또한 마찬가지입니다. 첨성대가 신라의 문화유산으로 경주에 있는 천문대라는 사실을 알지만, 첨성대에 쌓인 돌 하나하나의 의미 등은 잘 알려지지 않은 듯합니다. 첨성대뿐만 아니라 석굴암이나 팔만대장경, 고려청자와 직지심체요절, 온돌 문화와 고인돌 등에 대해서도 이들 문화유산의 가치와 우리 조상들의 지혜를 알게 된다면 더더욱 큰 감동으로 다가올 것입니다.

그래서 이 책을 쓰게 되었습니다. 우리 역사를 빛낸 위인들의 업적을 그들의 감동적인 삶 속에서 다시 조명하고 싶었습니다. 또한 우리 문화유산에 한 걸음 더 다가가서 이처럼 위대한 문화유산을 남기고 지켜낸 선조들을 다시 생각하고, 우리가 그 후손이라는 자부심을 되새겨드리고 싶었습니다.

두 해 전쯤에《학교에서 가르쳐주지 못한 우리 역사》라는 책을 썼습니다. 어쩌면 지금 펴내는 이 책《한국사에 감동하다》는 그 후속편 격이 될 수도 있을 것 같습니다. 왜냐하면 그때도 그러했지만, 지금도 한국사 수업 시간에 우리 역사에 대해 많은 것들을 전하기에는 물리적으로, 시간적으로 많이 어렵습니다. 그래서 학교 수업 때 들려주지 못한 우리 역사의 깊이 있고 감동적인 이야기들을 좀 더 전하고 싶은 마음이 여전하기 때문입니다.

아무쪼록 이 책이 우리 역사에 한 걸음 더 다가가는 계기가 되길 바랍니다. 나아가서 이 '감동의 역사'가 원동력이 되어 더 나은 대한민국을 만드는 작은 밑거름이 되었으면 하는 당찬 기대도 해봅니다.

지면 관계상 더 많은 인물, 그리고 더 많은 문화유산에 대한 감동적인 이야기들을 싣지 못했다는 아쉬움이 있습니다. 일례로 임진왜란 때 크게 헌신했어도 거의 알려지지 않았던 의병들과 여인네들의 이야기, 북한산비가 신라 진흥왕의 순수비라는 사실을 알아낸 김정희의 집념 이야기 등 우리 역사에 감동의 순간은 너무도 많기 때문입니다. 앞으로 그런 이야기들을 또다시 책에 담아낼 기회가 있으면 좋겠습니다.

끝으로, 책을 쓸 수 있는 기회와 글 쓰는 과정에서 아낌없이 배려해주신 도서출판 좋은날들의 이우희 대표님께 깊은 감사의 말씀을 드립니다. 또한 저로 하여금 한국사를 잘 가르치게, 그리고 감동 있게 가르치고 싶은 마음을 절로 들게 만드는 예쁜 덕소고 학생들에게도 감사의 마음을 전합니다. 아울러 주중에는 밤낮으로 교사 본연의 역할에 100퍼센트 매진해야 했고, 주말과 휴일을 이용해서야만 집필할 수밖에 없었던 못난 가장을 따뜻하게 이해해준 사랑스러운 아내 조윤경과 두 아들 혁재, 은재에게 이 책을 제일 먼저 전하고 싶습니다.

원유상

Part 2 그들의 감동적인 삶을 되새기다

Part
1

우리 문화 유산을 다시 보다

고인돌과 온돌,
우리 민족의 돌 이야기

선사시대부터 돌은 우리에게 매우 소중했습니다. 우리뿐 아니라 인류가 등장하면서부터 돌은 아주 기본적이면서도 중요한 도구였으니까요. 돌의 쓰임새가 다양하고 중요했기에 선사시대를 구분 짓는 구석기와 신석기의 기준 또한 돌이 되었던 것이고요. 한반도의 구석기시대가 약 70만 년 전에 시작되고 신석기가 등장한 게 1만 년 전으로 추정되므로, 인류는 그 기나긴 세월을 돌에 의지해 생존할 수 있었습니다.

우리 민족 역시 그 옛날부터 돌과 인연이 많았습니다. 당연히 돌로 된 많은 유물과 유적을 남겼는데, 그중에서 두 가지 이야기를 들려드리고자 합니다. 다른 어느 나라의 문화에 견주어도 뒤지지 않을, 우리 민족과 돌에 얽힌 자랑스러운 이야기를 말이지요.

세계의 40퍼센트를 차지하는 한반도의 고인돌

• • •

2000년 6월 29일, 문화재청에서 긴급 소식을 발표하였습니다.

"오늘 새벽 프랑스 파리에서 열린 세계유산위원회 의장단 회의에서 우리나라의 고창, 화순, 강화 고인돌 유적지와 경주 유적지에 대해 세계유산 등록을 권고한다고 결정했습니다."

그리고 이로부터 5개월 후인 11월 29일, 호주 케언스에서 열린 유네스코 세계유산위원회 회의에서 이 두 유적지를 세계유산으로 확정했습니다. 이 소식이 전해지자 우리 국민들은 크게 환영하였습니다. 특히 불국사, 석굴암 등이 있는 신라 천년의 수도 경주는 우리나라의 대표적인 문화 유적지인 만큼 세계유산 지정에 대해 많이 공감하는 분위기였습니다. 하지만 고인돌이 세계유산으로 지정된 것에 대해 그 이유를 구체적으로 아는 국민들은 그리 많아 보이지 않았습니다.

그렇다면 고인돌이 세계유산으로 그 가치를 인정받은 이유는 무엇일까요? 고인돌을 이야기하기 전에 먼저 거석문화에 대해 살펴봐야겠습니다. 고인돌 역시 거석문화의 하나이니까요.

거석은 큰 돌을 의미합니다. 세계 여러 나라의 신석기 혹은 청동기시대 사람들은 큰 돌, 즉 거석을 만들어 세우곤 하였지요. 이러한 거석에 대해서는 다양한 해석이 있습니다. '신과 같은 영적인 존재를 숭배하기 위한 것이다', '지배자의 권위를 상징하는 것이다' 등등이 그렇습니다. 이 같은 해석은 거석이 만들어진 시기와 지역마다 조금씩 다릅니다. 하지만 한 가지만큼은 확실하지요. 그 거대한 돌을 제작하기란 당시 사람들에게 결코 쉬운 일이 아니었다는 사실입니다. 그렇기 때문에 거석에

강화 부근리 고인돌. 우리나라에서 발견된 3만 기가 넘는 고인돌 중 크기는 물론 세련된 조형미까지
갖추고 있어 대표적인 고인돌 가운데 하나로 손꼽힌다. 강화도 하점면에는 약 40여 기의 고인돌이
분포해 있다. ⓒ doopedia

는 당시 사람들의 어떤 간절한 바람이 담겨 있었을 것입니다.

다시 거석문화의 하나인 고인돌에 대해 알아보겠습니다. 먼저 고인돌의 이름부터 짚고 넘어갈 필요가 있습니다. 학교에서 혹시나 하는 마음에 학생들에게 우문현답을 기대하며 질문해보았습니다.

"고인돌의 한자가 어떻게 되는지 아는 사람 말해볼까요?"

그러면 으레 나오는 대답이 있습니다. '고는 옛 고古이고, 인은 사람 인人이에요.' 이렇게 말한 학생에게 다시 질문해봅니다. '그렇다면 고인돌을 해석해볼까요?' 역시 자신감 있게 대답합니다. '옛날 사람들의 돌무덤입니다.' 고인돌이 옛날 사람들의 돌무덤이라는 것 자체는 어찌 보면 틀린 말은 아닙니다. 하지만 고인돌을 한자로 알고 그 같은 뜻으로 이해하는 것은 올바르지 않습니다.

고인돌은 순수한 우리말입니다. 그런데도 한자로 잘못 알고 있는 사람들이 적지 않은 것 같습니다. 고인돌은 '돌을 고였다'고 해서 고인돌입니다. 고인돌을 한자로 하면 지석묘支石墓입니다. 쓰러지지 않도록 아래에 받쳐 괴는 돌로 된 무덤이란 뜻이지요.

이러한 고인돌은 전 세계 곳곳에 있습니다. 특히 동북아시아 지역에 많이 분포되어 있지요. 그런데 어떻게 해서 우리나라의 고창, 화순, 강화 고인돌 유적지가 세계유산으로 지정될 수 있었을까요?

먼저, 우리나라는 동북아시아 고인돌의 중심지라고 해도 지나치지 않습니다. 우리나라에서만 전국적으로 약 3만여 기의 고인돌이 발견되었습니다. 북한의 고인돌까지 합치면 4~5만 기의 고인돌이 있는데, 이는 세계의 약 40퍼센트에 이르는 대단한 수치입니다. 특히 고창, 화순, 강화의 유적은 세계의 그 어느 고인돌 유적에 비해서도 높은 밀도로 분포된 고인돌 군입니다. 게다가 이들 유적에는 고인돌의 원형이 잘 보존되어 있는 것들이 많습니다. 고인돌의 형식도 아주 다양합니다. 그 때문에 이들 유적지는 고인돌의 형성과 발전 과정을 연구하는 데 매우 중요한 곳으로 여겨집니다.

그중 화순 고인돌 유적지에서는 고인돌의 축조 과정을 보여주는 채석장이 함께 발견되었습니다. 채석장의 존재는 당시 사람들이 석재를 어떻게 운반하고 다루었는지에 대해 추정할 수 있도록 해줍니다. 고인돌 채석장은 세계의 다른 고인돌 유적에서는 쉽게 찾아볼 수 없기도 합니다. 그만큼 가치가 있다는 말이지요.

고인돌의 크기도 다양합니다. 작은 고인돌에서부터 큰 것은 수십 톤에 이르고, 100톤이 넘는 것도 있습니다. 말이 100톤이지, 아주 덩치 좋은 100킬로그램 성인 남자를 천 명 합한 무게가 100톤입니다. 그 오랜 과거에 이처럼 거대한 고인돌을 운반하고 제작했다는 게 놀랍지 않을 수 없습니다.

이러한 이유로 고창, 화순, 강화의 고인돌 유적은 세계유산으로 지정될 수 있었습니다. 한편으로는 세계유산 지정에 대해 기대와 함께 우려의 목소리를 내는 사람들도 있었습니다. 고인돌의 관리 실태에 대한 걱정 어린 목소리였지요.

고인돌 유적이 세계유산으로 지정될 무렵에 전남대와 진도민속예술연구회가 진도 지역의 고인돌 유적 현장조사를 펼친 적이 있었습니다. 그런데 1987년에 발굴된 361기의 고인돌 중에서 조사 당시에 남아있는 고인돌은 120기에 불과했다고 합니다. 십여 년 사이에 무려 3분의 2의 고인돌이 사라진 것입니다. 다른 지역의 경우도 크게 다르지 않았습

전북 고창의 고인돌박물관. 이 박물관에서는 선사인의 생활상, 고인돌 제작 기술, 외국의 고인돌 등등 고인돌에 관한 거의 모든 궁금증을 체계적으로 알려준다. ⓒ 유라

니다. 댐 건설 같은 개발사업으로 유실되거나 훼손된 고인돌이 계속 늘어나고 있었습니다. 심지어 농민들이 경지를 정리하고 농업용수로를 만들 때 고인돌을 포클레인으로 옮기거나 땅속에 파묻는 경우도 있었다고 합니다. 정말이지 당시 고인돌 유적에 대한 관리는 심각한 문제가 아닐 수 없었지요.

이러한 문제들이 알려지자, 세계유산으로 지정된 고인돌 유적의 보존이 시급하다는 주장이 학계 등을 중심으로 강하게 제기되었습니다. 그와 함께 사적지로 지정받지 못한 지역의 고인돌을 조사해 사적지로 지정하려는 움직임도 일었습니다. 하지만 그때에 참으로 안타까운 일도 있었습니다. 사적지로 지정되면 재산권을 행사하는 데 지장이 있다고 여긴 일부 사람들이 고인돌 유적을 고의로 훼손한 것입니다. 보존할 가치가 있어야 사적지로 지정되는데, 그 보존 가치를 사적지 지정 전에 없애고자 한 얄팍하고 이기적인 행동이었습니다.

이러한 문제점이 있었지만, 그래도 고인돌 유적은 세계유산 지정 이후 정부, 학계, 관련 단체를 중심으로 보존을 위한 노력이 이루어졌습니다. 어떤 단체는 '고인돌 한 점 관리자 지정 운동'을 벌이기도 했습니다. 지방자치단체는 관할 내에 있는 고인돌의 실태를 파악하고 이를 보호하기 위해 노력하였습니다. 그 결과 세계유산 지정 이전에 비해 고인돌의 보존 상태는 매우 좋아졌습니다. 물론 법적인 보호 조치도 병행되고 있습니다. 고창, 화순, 강화 유적지는 문화재보호법에 의해 보호되기 때문에 이들 고인돌 유적 주변을 개발하기 위해서는 반드시 문화재청의 사전 심의를 거치도록 하고 있습니다.

이 같은 보존 노력은 고창, 화순, 강화 고인돌 유적지에만 해당하는 것이 아닙니다. 이들 지역 외에도 우리나라 곳곳에 고인돌이 많이 분포되어 있기 때문입니다. 한 예로 경기도 용인시 모현면에 있는 모현 지석묘를 들 수 있습니다. 물론 지석묘는 고인돌을 말합니다.

1974년에 경기도 기념물 22호로 지정된 이 고인돌은 청동기시대에 제작한 것으로 추정되고 있습니다. 비록 세계유산으로 지정된 유적지 내의 고인돌은 아니지만 그 보존 가치는 세계유산 고인돌에 버금간다고 할 수 있습니다. 이 고인돌은 1.4m의 받침돌을 놓고 그 위에 길이 5.3m의 덮개돌을 얹은 탁자식 고인돌입니다. 이 정도 규모는 경기 지역 여러 고인돌 중에서 매우 큰 편에 속합니다.

주택가에 있는 모현 지석묘. 고인돌은 덮개돌과 굄돌의 배치와 모양에 따라 크게
탁자 모양의 북방식과 바둑판 모양의 남방식으로 나뉜다.

이곳에는 원래 3기의 고인돌이 있었다고 하는데, 현재 온전하게 남아
있는 고인돌은 이것 하나입니다. 이 고인돌은 경기도 기념물로 지정될
당시부터 보존 상태가 매우 훌륭하다는 평가를 받았고, 수십 년이 지난
지금에도 그 모습 그대로 잘 유지하고 있습니다.

모현 지석묘가 이렇게 잘 보존될 수 있었던 것은 지방자치단체를 비
롯하여 주민들의 관심과 보호가 있었기 때문입니다. 아이들을 데리고
모현 지석묘를 보러 간 적이 있었는데, 그때는 고인돌에 가까이 다가가
기가 어려웠습니다. 고인돌 주변 공사가 한창이어서 통행을 제한했기
때문이지요. 그 한쪽에는 고인돌을 더 잘 보존하고 관람할 수 있도록 하
기 위한 조치라는 안내판이 놓여 있었습니다.

그 뒤로 시간이 흐르고 다시 그곳을 찾아가게 되었습니다. 이전에 비해 더욱 관리가 잘되고 있다는 느낌이 들었습니다. 주변의 공원도 잘 정리되어서 사람들이 휴식을 취하며 고인돌을 관람할 수 있었습니다.

창업수성創業守成이란 고사성어가 있습니다. '일을 시작하고 이루는 것보다 지키는 것이 더 어렵다'는 의미이지요. 우리나라의 고인돌은 세계가 인정하는 최고의 문화유산 중 하나입니다. 훗날 통일이 되어 북한에 있는 수많은 고인돌과 합쳐지면 그 규모와 가치는 더욱 커지겠지요. 우리 조상이 물려준 고인돌의 가치를 이해하고 자부심을 갖는 것도 중요하지만, 잘 보존해서 후손에게 물려주는 게 오늘을 살아가는 우리의 책무일 것입니다.

우리 민족 고유의 난방 방식, 온돌
· · ·

어렸을 때의 일입니다. 어머니가 아랫목에서 공깃밥을 꺼내 뚜껑을 여시자 김이 모락모락 났습니다. 마치 방금 한 밥처럼 말이지요. 전기 보온밥통이 흔하지 않던 시절, 갓 지은 밥을 따뜻하게 보관하는 가장 좋은 방법은 바로 아랫목에 밥을 넣고 이불로 덮어두는 것이었지요. 요즘 세대에게는 아랫목이라는 단어가 낯설게 느껴질 것입니다. 아랫목은 온돌방에서 아궁이와 가까운 곳을 말합니다. 아주 뜨끈뜨끈해서 날씨가 춥다고 여기에 오래 앉아있으면 조금 과장해서 엉덩이에 화상을 입을 정도였습니다.

우리 민족에게 온돌은 참 특별합니다. 아주 오랜 세월 동안 우리의 난방을 책임져준 것이 온돌이었으니까요. 온돌은 말 그대로 풀이하면 따뜻한 돌입니다. 순수한 우리말로는 '구들'이라고 하지요. 구들은 구운 돌의 줄임말이라고 할 수 있습니다. 그렇다면 어떻게 돌을 구워서 방을 따뜻하게 하는 것일까요?

전통적인 온돌 방식은 다음과 같습니다. 먼저 아궁이에 불을 지핍니다. 그러면 뜨거운 연기가 구들(고래) 쪽으로 들어갑니다. 구들은 방 아래에 있는 통로를 말합니다. 이 통로가 뜨거워져 방 아래에 깔려 있는 돌을 데우는 것이지요. 이때 연기는 굴뚝을 통해 바깥으로 빠져나갑니다. 우리가 TV에서 흔히 보는 시골집의 아궁이와 굴뚝이 바로 이러한 방식입니다. 원리는 아주 단순해 보이지만 구들장, 즉 온돌을 깔고 구들을 제

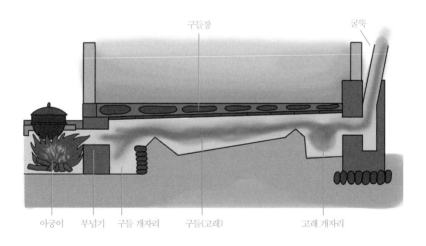

전통 가옥의 아궁이와 온돌. 온돌은 요리와 난방을 동시에 하므로 일석이조다. 서양의 벽난로에 비해 온돌은 열량을 구들에 보관할 수 있어 상당히 경제적이다.

대로 만드는 게 그리 쉬운 일은 아니라고 합니다. 나름 전문적인 기술이 있어야 만들 수 있지요.

전통적인 온돌은 많이 사라진 게 사실입니다. 하지만 온돌 방식은 오늘날 우리의 난방에 응용되어 여전히 사용되고 있습니다. 바로 보일러를 이용한 난방입니다. 방 아래에 온수 파이프를 묻어서 방을 데우는 형태이지요. 방식에는 다소 차이가 있지만 그래도 방바닥을 데워서 방을 따뜻하게 한다는 면에서는 공통점을 찾을 수 있습니다.

그렇다면 우리 민족은 언제부터 온돌을 사용하였던 것일까요? 초기 철기 국가 중 옥저에서 온돌을 사용하였다고 합니다. 오늘날 연해주 남부 지역으로, 이 당시의 온돌은 '쪽구들'이라고 해서 방의 한 부분에 구들을 놓고 데우는 방식이었습니다. 이후 우리나라에서 온돌을 본격적으로 사용한 나라는 고구려였습니다. 중국 역사서에 다음과 같은 기록이 남아있습니다.

고구려에서는 겨울이 되면 모두 기다란 구덩이(구들)를 만들어서 그 밑에 불을 때어 그 열기로 따뜻하게 한다. - 《구당서》

비록 온돌이라는 말이 나오지는 않지만, 난방에 대한 설명이 정확히 온돌 방식임을 알 수 있습니다.

기록이 아닌 벽화에서도 고구려의 온돌 흔적을 찾아볼 수 있습니다. 고구려 고분인 각저총 널방 북벽에는 무덤 주인의 생활 모습이 그려져 있습니다. 무덤 주인으로 보이는 사람이 의자에 앉아있고, 두 명의 여인이 온돌 바닥에 앉아 이야기를 나누는 모습이지요.

이 외에 여러 유적지에서 고구려의 온돌 흔적을 찾아볼 수 있습니다. 1970년대 후반에 서울 구의동 택지개발 현장에서 삼국 시대의 보루가 발견되었습니다. 보루는 일종의 군사 요새인데, 그 보루에서 병사들이 머물며 생활할 수 있는 시설이 발견되었지요. 물론 아궁이와 구들 등 온돌 시설도 함께 나왔습니다. 그 뒤로 서울 아차산 일대의 고구려 유적지에서 온돌 시설이 다수 발견되기도 하였지요. 고구려의 옛 영토인 오늘날 중국 요령성 일대에서도 온돌 시설이 발견되었습니다.

고구려를 계승한 국가임이 명백한 발해에서도 온돌이 발견되었습니다. 오늘날 러시아의 영토인 크라스키노 성터는 연해주의 발해 유적 가운데 가장 대표적인 곳입니다. 이곳은 발해의 행정과 상업 중심지 중 한 곳이었지요. 1958년에 발견된 이 성터는 러시아를 비롯해 한국, 중국, 일본 등이 관심을 가지고 지속적으로 현지조사 및 발굴에 참여했습니다. 바로 여기에서 2005년 8월에 아주 중요한 발견이 있었습니다.

"드디어 온돌 쌍구들이 발견되었습니다!"

발굴을 하던 우리 측 연구자의 외침이었습니다. 한국의 고구려연구재단과 러시아의 극동 역사 고고민속학 연구소 중세연구실은 크라스키노 발해 유적에서 공동으로 발굴 작업을 진행하던 중이었습니다. 그런데 발굴 현장에서 온돌 쌍구들이 발견되었다는 소식이 본부로 전해진 것입니다. 온돌 유적 발견에 참여한 사람들은 흥분을 감추지 못했습니다. 왜냐하면 이 온돌 유적은 고구려의 것이라고 해도 좋을 만큼 매우 유사한 형태였기 때문입니다.

온돌은 중국이나 여러 북방 민족 등에서는 찾아보기 어려운 우리 민족 고유의 난방 시스템입니다. 더욱이 고구려는 사실상 온돌의 원조 격이 되는 나라이기도 하지요. 그런데 발해의 대표적인 유적지에서 온돌이 발견된 것입니다. 이는 매우 중요한 의미를 담고 있었습니다.

당시 중국은 동북공정을 통해 동북아시아 고대사를 재구조화하는 작업을 국가적으로 전개하고 있었습니다. 그런데 문제는 동북공정 하에서 우리 고대사를 중국의 역사로 편입시키려는 시도를 한다는 것이었습니다. 그중에서도 동북공정의 대표적인 표적이 되었던 국가가 발해였습니다. 발해를 말갈족의 역사로서 중국사의 일부로 보려는 것이지요. 발해가 정치적, 문화적으로 고구려를 계승한 우리의 역사라는 사실이 사료 등에서 분명히 드러나는데도 중국은 동북공정을 통해 자신들의 주장을 굽히지 않았습니다.

바로 그때 연해주 크라스키노의 발해 유적에서 온돌이 발견된 것입니다. 고구려 온돌의 고유성으로 보건대, 발해에서 온돌 유적이 발견된 것은 발해가 고구려를 계승했다는 사실을 문화적으로 명백히 입증하는 결과였습니다.

≪고려도경≫이란 책이 있습니다. 1123년에 완성된 것으로 중국 송나라 사신의 수행원으로 고려에 왔던 서긍이 쓴 일종의 고려 견문록이지요. 이 책에 고려 시대 주택의 실내를 묘사하는 글이 나옵니다.

> 귀족들은 침대 앞에 작은 의자를 놓아 가리개를 세웠으며, 비단요 위에 자리를 깔아…… 서민들은 주로 흙침대를 만들어 구들을 놓아 잠을 잔다.

이 글을 통해서도 고려 시대에 서민들이 온돌을 사용하고 있었음을 알 수 있습니다. 사실 온돌이 널리 사용되기 시작한 것은 조선 시대라고 합니다. 이전에 입식 생활을 주로 하던 지배층도 이제는 온돌을 선호하기 시작했습니다. 그래서 지배층, 서민 구분할 것 없이 온돌은 우리나라 사람들에게 아주 보편적인 난방 문화가 되었습니다.

온돌의 난방 방식은 서양의 전통적 난방과 비교할 때 여러 면에서 우수하다는 평가를 받고 있습니다. 서양의 전통적 난방은 벽난로입니다. 실내에서 불을 피워 그 열기로 난방을 하는 방식이지요. 거실의 벽난로를 보면 매우 따뜻해 보이고 멋도 있어 보입니다. 하지만 굴뚝이 제대로 역할을 못 하면 실내에 연기가 들어올 수 있고, 경우에 따라서는 재가 집 안에 날리기도 합니다. 하지만 온돌은 구들을 통해 방을 데워주고 연기는 바로 굴뚝으로, 재 또한 방으로 들어올 수 없기 때문에 실내를 깨끗하고 쾌적하게 해주는 장점이 있습니다.

난방 효과도 온돌이 훨씬 우수합니다. 벽난로는 불을 때지 않으면 금방 열이 사라집니다. 그래서 보일러를 가동한 상태에서 벽난로를 사용하지 그냥 벽난로만으로 난방을 유지하는 집은 거의 없을 것입니다. 아니, 오늘날 벽난로를 사용하는 집은 난방 목적이라기보다는 인테리어 혹은 정겹고 따뜻한 분위기를 연출하려는 의도가 더욱 클지도 모르겠습니다. 온돌의 경우도 불을 때지 않으면 열기가 식는 것은 벽난로와 마찬가지입니다. 하지만 구들장에 스며든 열은 금방 식지 않습니다. 바닥 온기가 오랫동안 유지될 수 있지요.

이처럼 온돌은 아주 훌륭한 우리 고유의 난방 방식입니다. 하지만 전통적인 온돌을 오늘날 그대로 사용하는 곳은 그리 많지 않습니다. 무엇보다 난방의 주된 연료가 이제는 땔감이 아니기 때문이지요. 요즘의 연료는 거의 석유, 가스 같은 화석연료입니다. 그렇다 보니 보일러 형태의

보물 제811호로 지정된 경복궁 아미산 굴뚝. 경복궁 교태전의 온돌방 아래를 통과하여 이곳으로 연기가 나온다. ⓒ 문화재청

난방 방식이 주로 쓰입니다. 앞서 말했지만 보일러도 방바닥을 따뜻하게 해서 난방하는 방식이므로 넓은 의미의 온돌이라고 할 수 있습니다. 다만, 고유의 전통적 온돌 방식은 아니지요.

그래서 전통적 온돌 문화를 보존하고 알려야 한다는 목소리가 커지고 있습니다. 2002년에는 국제온돌학회가 창설되었습니다. 창설자이자 학회장은 중국에서 대학교수로 활동하고 있는 한인입니다. 이 학회는 온돌 문화와 관련된 세미나를 개최하는 등 온돌의 우수성을 세계에 알리는 역할을 하고 있지요. 이 학회에서는 우수한 난방 문화인 온돌을 소개하는 박물관을 건립해야 한다고 주장합니다. 또한 온돌 문화가 많이 남아있는 궁궐과 사찰에서 온돌을 관광자원으로 부각시켜야 한다는 의견도 내고 있습니다.

온돌의 우수성이 알려지면서 우리 온돌 문화를 유네스코 인류무형문화유산으로 등재시켜야 한다는 주장이 나오고 있으며, 실제로 정부도 이를 적극적으로 검토하고 있다고 합니다.

가끔 호텔을 이용할 때가 있습니다. 호텔은 대개 침대가 있는 서양식 방입니다. 외국 호텔방도 그렇지만 한국의 호텔방 역시 신발을 신은 채로 들어갑니다. 우리에게는 참 익숙하지 않은 문화이지요. 그래서 저는 솔직히 호텔방을 이용할 때는 문을 열고 들어와서 신발을 벗고 생활합니다. 바닥이 편하니까요.

한편 우리나라의 어느 호텔에서는 서양식 방 말고도 온돌 객실을 함께 운영하고 있습니다. 물론 전통식은 아니고 보일러 온돌방이지만, 그래도 방바닥의 온기를 느낄 수 있습니다. 그래서 저는 이 호텔에서는 꼭 온돌방을 이용하곤 합니다. 아니, 저만 그런 게 아니라 여기서는 외국인들도 온돌방을 즐겨 찾는다고 합니다. 한 가지 아쉬운 점은 온돌방이 전체 객실 중 일부라서 예약이 쉽지 않다는 것이지요.

지금의 난방 문화를 다시 전통적인 온돌로 바꿀 필요는 없고, 그럴 수도 없지요. 하지만 우리의 고유하고 우수한 전통문화인 온돌이 국내외에 많이 알려졌으면 좋겠습니다. 또한 온돌방을 객실로 운영하는 앞의 호텔처럼, 온돌 문화가 관광 등에 널리 활용되었으면 하는 바람을 가져 봅니다. ♣

거석문화를 대표하는 영국의 스톤헨지

영국 런던 남서부의 솔즈베리 평원에는 스톤헨지Stonehenge라 불리는 거석 유적이 있다. 신석기시대 후기부터 조성된 것으로 보이는 스톤헨지는 한국의 고인돌처럼 거대한 돌(거석)을 이용하여 만든 조형물이다. 거석문화와 관련해 세계에서 손꼽히는 유적으로 평가받고도 있다.

그런데 스톤헨지의 조성에는 풀리지 않는 의문점들이 다수 있다. 그중 가장 궁금증을 자아내는 것은 '이처럼 큰 돌을 어떻게 옮겼을까?'라는 점이다. 스톤헨지는 흙으로 된 제방 안쪽에 80여 개의 돌기둥이 놓여 있는데, 이 주변에는 산이나 큰 돌을 찾아볼 수 없다. 오직 드넓은 평지가 펼쳐져 있을 뿐이다. 게다가 돌기둥들은 어떤 규칙 아래 배열되어 있는 것처럼 보인다. 이 돌들은 크기가 엄청나서 큰 것은 무려 50톤, 높이 8미터에 달한다. 과학자들은 이 돌들을 현재의 위치에서 수십 킬로미터 떨어진 구릉지에서 가져온 것으로 추정하고 있다. 하지만 이렇게 크고 무거운 돌을 선사시대 사람들이 어떻게 옮겼는지는 여전히 불가사의하다.

그렇다면 이러한 조형물을 만든 이유는 무엇일까? 이 역시 정확히 밝혀진 바는 없다. 다만 천체를 관찰하거나, 혹은 태양을 숭배하는 장소였다고 주장하는 학자들이 있기는 하다. 장례를 치르며 사후세계의

거대한 돌기둥이 원형으로 배열되어 있는 스톤헨지. 두 개의 입석 위에 가로로 돌을 눕힌 모습은 마치 한국의 고인돌을 연상하게 한다. 스톤헨지는 '매달려 있는 바위'라는 뜻을 갖고 있다. ⓒ Jason and Alison

안녕을 염원하는 장소였다는 의견도 있다. 이러한 주장은 대개의 거석 문화가 그러하듯이 일종의 종교적, 신앙적 의미가 있다는 것인데, 돌을 옮기는 일 자체가 워낙에 불가사의하여 외계인의 작품이라고 믿는 사람들도 일부 있다.

궁궐 자리에 세워진
최고의 건축물, 황룡사 9층목탑

13세기 무렵 몽골이 고려를 침입해왔습니다. 당시의 세계에서 몽골은 무시무시한 존재였습니다. 그들은 수많은 국가와 민족을 무너뜨리며 동서양에 걸쳐 대제국을 형성하였지요. 고려에게도 몽골은 상대하기가 매우 버거웠습니다. 그래도 항복할 수 없기에 고려 정부는 강화도로 천도하면서 끝까지 항쟁할 것을 다짐합니다. 그 와중에 내륙에서는 몽골군의 잔인무도한 약탈과 살인이 전국적으로 무수히 일어났습니다. 그리고 많은 문화유산이 파괴되어 갔습니다.

대표적인 것이 황룡사 9층목탑입니다. 지금까지 남아있다면 우리 선조가 남긴 가장 위대한 문화재로 여겨질 수도 있었던 문화유산이 불타 없어진 것입니다. 황룡사 9층목탑! 과연 이것은 어떤 탑이었을까요?

아파트 30층 높이의 목탑을 세우다

• • •

TV 예능 프로그램에서 한 연예인이 '극한 알바'라는 이름으로 여의도 63빌딩에서 유리창 닦는 모습을 보여주었습니다. 63층에 이르는 건물을 밑에서 쳐다보는 것도 위에서 내려다보는 것도 정말 입을 딱 벌어지게 하였지요. 그 어마어마한 높이에서 유리창을 닦는다는 말에 출연자들은 서로가 다른 일거리를 하겠다며 난리 치던 장면이 떠오릅니다.

그런데 지금으로부터 약 1,400년 전에 오늘날 아파트 기준으로 30층 높이(약 80m)의 탑이 건축되었습니다. 여의도 63빌딩의 절반에 이르는 높이지요. 지금도 30층은 엄청난 높이가 아닐 수 없는데, 그 탑이 바로 황룡사 9층목탑입니다. 그것도 나무로 만든 탑이라고 하니까 상상하기도 어려울 만큼 대단한 건축물이지요.

황룡사 9층목탑의 규모에 대해 자세히 알아보기 전에 황룡사라는 절의 건축에 대해 먼저 이야기해야 할 것 같습니다.

> 신라 제24대 진흥왕이 즉위한 지 14년 되는 계유년(553) 2월에 용궁龍宮 남쪽에 궁궐을 지으려 하였는데, 황룡黃龍이 그 땅에 나타나자 이를 고쳐서 절로 삼게 하고 황룡사黃龍寺라 이름하였다. 기축년(569)에 이르러 담장을 두르고 17년 만에 공사가 끝났다. - 《삼국유사》

《삼국유사》의 기록을 통해 황룡사는 진흥왕 때 세워진 절임을 알 수 있습니다. 물론 진흥왕 때 건립했다는 기록은 《삼국사기》에도 나와 있습니다. 그보다는 앞의 기록에서 눈여겨봐야 할 대목이 있습니다. 바로

황룡사가 있던 경주의 옛터. 전과 탑은 오늘날 남아있지 않지만 금동불상, 금동귀걸이 등 4만여 점의 유물이 이곳에서 출토되었다. ⓒ 문화재청

궁궐을 지으려다가 이를 고쳐서 절로 삼고자 했다는 사실입니다.

6세기 중반 진흥왕이 재위하던 때는 신라의 전성기입니다. 신라가 한 강 유역을 차지하면서 삼국의 주도권을 장악해 나가던 시기이지요. 바로 이 무렵에 새로운 궁궐을 지으려고 한 것입니다. 그렇다면 이 궁궐이 얼마나 웅장하게 지어질 것인지는 쉽게 짐작할 수 있을 것입니다. 그런데 궁궐 건축에 반전이 일어납니다. 궁궐이 절로 바뀌게 되는 것이지요. 그 절이 바로 황룡사입니다. 황룡사는 궁궐을 지으려던 자리에 절을 지었으므로 규모가 큰 게 당연했지요.

황룡사가 얼마나 큰 규모의 절이었는지는 정확히 알 수 없습니다. 현재 절은 없고 그 터만 남아있기 때문이지요. 다만 터를 발굴하는 과정에서 대략적인 규모를 가늠할 수는 있었습니다. 신라의 수도였던 경주의 대표적인 절이 불국사입니다. 그런데 지금까지 발굴된 흔적만으로도 황룡사의 면적은 불국사의 약 8배 넓이에 이른다고 합니다. 그러니까 당시 황룡사가 얼마나 큰 절이었는지를 알 수 있습니다.《삼국유사》의 기록에 따르면 이 절을 건립하는 데 17년이 걸렸다고 하는데, 절의 규모를 생각한다면 이 기간이 그리 길지만은 않을 것입니다.

이러한 황룡사에 세워진 탑이 황룡사 9층목탑입니다. 엄청난 규모의 황룡사를 대표하는 탑인 만큼 규모가 웅장한 것은 당연할지도 모릅니다. 그런데 아무리 그렇다고 하더라도 아파트 30층 높이의 목탑이라는 것은 정말 대단하지 않을 수 없습니다.

그래서 황룡사 9층목탑은 신라의 3대 보물 중 하나로 꼽힙니다.

고려왕이 신라를 치려 하다가 말하였다.

"신라에는 세 가지 보물이 있어 침범할 수 없다고 하는데, 무엇을 말하는 것인가?"

"황룡사 장육존상*과 9층탑, 그리고 진평왕의 천사옥대天賜玉帶입니다."

이 말을 듣고 고려왕은 그 계획을 그만두었다. - 《삼국유사》

---

* 부처의 상을 만들 때 사람 키 크기인 8척의 배수, 즉 16척의 불상을 만드는데, 1장 6척이므로 장육상이라고 부른다.

앞의 기록에서 고려왕은 왕건입니다. 왕건이 황룡사 9층목탑을 그만 큼 영험한 것으로 여겼다는 사실을 알 수 있습니다.

아쉽게도 황룡사 9층목탑이 정확히 어떠한 구조와 모습을 갖췄는지 는 지금은 모릅니다. 여러 문헌과 다른 탑의 양식 등을 통해 고증하고 있지만 100퍼센트 정확하다고 할 수는 없습니다. 다만, 많은 학자들의 노력으로 디지털 복원도가 제작되기는 했습니다.

그런데 황룡사 9층목탑이 실제 크기 그대로 새롭게 복원된 바가 있습니다. 실제 탑으로 복원된 것은 아니고 건물로서 복원되었는데, 그 형태가 무척이나 흥미롭습니다. 이름하여 경주 타워입니다.

경주 타워는 2007년 경주 엑스포 공원에 세워진 건물입니다. 이 건물의 외형 디자인은 황룡사 9층목탑을 음각화한 것입니다. 이는 신라의 3 대 보물 중 하나로 일컬어지는 황룡사 9층목탑을 현대에 맞게 재건한다는 취지 아래 기획되고 완성되었습니다. 단순히 음각화한 것만이 아닙니다. 경주 타워의 높이는 약 82m인데, 기록상에 나타난 황룡사 9층목탑의 높이(225척)를 그대로 구현한 것입니다. 참고로 경주 타워에는 전망대가 있어 보문단지와 사방 경관을 한눈에 조망할 수 있고, 신라문화역사관 등의 상설전시관도 마련되어 있습니다.

경주 타워는 황룡사 9층목탑을 상징하는 외에도 외형에서 여러 가지 의미를 표현하고 있습니다. 먼저 건물에는 5대양 6대주를 상징하는 6 개의 기둥 축과 5개의 유리면이 설치되었습니다. 이렇게 되면 세계 속에 우뚝 솟은 황룡사 9층목탑의 모습이 형상화되는 것이지요.

그리고 경주 타워의 외관은 모두 유리로 되어있습니다. 이것은 신라 왕릉에서 출토된 로만 글라스Roman Glass의 의미를 은유적으로 표현하

경주 세계문화엑스포공원에 있는 경주 타워의 웅장한 모습. 외벽에 황룡사 9층목탑이 음각으로 형상화되어 있다. ⓒ 모실

고 있습니다. 로만 글라스는 당시에 신라가 이슬람 등 서역과 활발히 교류했다는 사실을 알려주는 대표적인 유물입니다. 즉, 신라의 국제적 면모를 상징적으로 표현하고 있는 것이지요.

이뿐이 아닙니다. 경주 타워의 앞면은 모두 56개의 유리벽으로 되어 있는데, 이는 신라의 시조인 박혁거세부터 마지막 임금인 경순왕까지 신라 56명의 왕을 상징하고 있습니다. 이쯤 되면 경주 타워는 황룡사 9층목탑을 필두로 신라의 위용을 그대로 드러내는 건축물이라고 할 수 있을 것입니다.

앞에서 살펴본 바와 같이 황룡사 9층목탑이 신라에서 차지한 위상은 실로 대단했습니다. 비록 9층목탑이 긴 역사의 흐름 속에서 안타깝게 소실되었지만, 그 위상만큼은 오늘날에도 여전히 이어지고 있음을 기억해야 하겠습니다.

황룡사 9층목탑에 담긴 신라인들의 염원
• • •

황룡사 9층목탑의 웅장함과 위엄은 우리 역사에서 단연 최고라고 할 수 있습니다. 그런데 신라는 왜 이 목탑을 세웠을까요? 분명 어떠한 의도가 있었을 텐데 말입니다.

황룡사 9층목탑의 건립 배경은 자장법사라는 승려로부터 시작합니다. 《삼국유사》에 그와 관련된 이야기가 전해져 옵니다. 자장법사는 선덕여왕 때의 승려인데, 그가 당나라로 유학 갔을 때의 일입니다. 자장법사가 태화연못가를 거닐고 있을 때 갑자기 신령스러운 이(神人)가 그의 앞에 나타났습니다.

신인 : 그대의 나라에 무슨 어려운 일이라도 있소?

자장 : 저희 신라는 북쪽으로 말갈과 이어져 있고 남쪽으로는 왜국과 인접해 있습니다. 고구려와 백제 두 나라가 번갈아가며 국경을 침범해 이웃나라의 도적들이 마음대로 돌아다닙니다. 이것이 백성들의 걱정입니다.

신인 : 지금 그대의 신라는 덕은 있지만 위엄이 없소. 그래서 이웃나라가 침략을 꾀하고 있는 것이오. 그대는 빨리 돌아가야만 하오.

자장 : 고국에 돌아가서 어떤 이로운 일을 해야 합니까?

신인 : 황룡사에서 불법을 수호하고 절을 보호하고 있는 용이 바로 나의 큰아들이오. 그대의 나라에 돌아가면 절 안에 9층으로 된 탑을 세우시오. 그러면 이웃나라들이 항복할 것이고 구한九韓(일본, 중화, 오월, 말갈, 탁라 등 신라와 이웃한 아홉 나라)이 와서 조공할 것이며 왕업이 길이 편안할 것이오. 탑을 세운 후에는 팔관회를 열고 죄인을 용서하여 풀어주면 외적이 해를 끼치지 못할 것이오. 그리고 나를 위해 서울 인근 남쪽 언덕에 절 하나를 지어 내 복을 빌어준다면 나 또한 그 은덕에 보답할 것이오.

자장법사는 곧바로 신라로 돌아왔습니다. 그리고 선덕여왕에게 자신이 경험한 이야기를 들려주고 황룡사에 9층탑을 세울 것을 건의하였지요. 선덕여왕은 자장의 말을 따랐고, 이렇게 해서 지어진 게 황룡사 9층목탑이라는 것입니다.

여기서 황룡사 9층목탑이 건립된 시기를 살펴볼 필요가 있습니다. 《삼국유사》에 따르면 탑이 완공된 때가 645년입니다. 그런데 이 시기에 신라는 백제의 공격으로 수십 개의 성을 빼앗긴 뒤 국가적으로 큰 어려움을 겪게 됩니다. 이 무렵 신라의 김춘추(훗날 태종무열왕)는 군사 지원을 요청하기 위해 직접 고구려에 갔다가 겨우 도망쳐 나오기까지 하였지요. 그렇게 국가적 위기에 처했을 때 대규모 공사와 완공이 이루어진 것이 바로 황룡사 9층목탑입니다.

얼핏 생각하면 이해하기 어렵지요? 그냥 작은 탑 하나를 세우는 게 아니라, 무려 아파트 30층 높이의 거대한 탑을 짓는 대공사를 나라가 극도로 혼란한 시기에 하다니 말입니다. 하지만 당시 불교의 국가적인 위상을 생각하면 충분히 이해할 수 있는 일입니다.

황룡사 9층목탑은 호국 불교의 대표적인 사례라고 할 수 있습니다. 호국 불교는 동아시아 불교에 나타나는 중요한 특징 중 하나이지요. 불교를 숭상하면 부처가 나라를 지켜줄 것이라는 믿음 말입니다. 신라에서는 아무리 국가가 위중한 상황에 처했더라도 부처의 나라가 되면 나라의 안녕이 지켜질 것이라 믿었습니다.

황룡사 9층목탑은 이처럼 국가의 큰 기대와 관심 속에 건축되었습니다. 건축 책임관에는 왕족인 김용춘이 임명되었는데, 그는 김춘추의 아버지로서 신라에서 큰 영향력을 가졌던 인물입니다. 또한 비록 적국敵國 사람이지만 당시 최고의 건축가로 이름을 떨치던 백제의 아비지를 초빙해 건축을 지휘하도록 하였습니다. 이렇게 해서 건립된 것이 황룡사 9층목탑입니다.

그렇다면 9층은 어떤 의미를 지니고 있을까요? 황룡사 9층목탑이 호국 불교의 상징인 만큼 각 층에는 신라를 둘러싼 외적 하나하나를 막겠다는 의지가 담겨 있습니다.

먼저 1층은 일본을 막기 위함이라고 합니다. 일본은 신라에게 예로부터 정말 골치 아픈 존재였습니다. 역사 기록에도 왜(일본)가 신라에서 약탈을 일삼은 사건이 끊임없이 등장합니다. 심지어 내물왕 때에는 왜군이 금성(경주)을 위협하여 신라가 고구려 광개토대왕 군대의 도움을 받은 적도 있었지요.

당시에 일본은 한반도에서 백제, 가야와 친분을 유지하고 있었습니다. 그중 백제로부터는 선진 문화를 적극적으로 받아들였습니다. 가야와는

경주 국립박물관 내의 황룡사 모형. 사람의 크기와 주변 건물로 미루어 보건대 9층목탑의 엄청난 위용을 짐작할 수 있다. ⓒ 박병수

철기 수입 등 경제적 교류를 활발히 하였지요. 이렇듯 백제, 가야와 문화·경제 분야에서 관계를 유지하다 보니 신라는 약탈 대상으로만 여겨졌던 것입니다. 물론 백제와 가야가 신라와 친하지 않았던 것도 일본이 신라를 집중 공격 대상으로 삼은 하나의 이유가 되었겠지요. 이처럼 신라에게 일본은 언제나 경계해야 할 대상이었습니다.

2층은 중화中華를 막기 위함이라고 합니다. 중화는 한족으로 대표되는 중국입니다. 신라의 입장에서는 대립각을 세우기보다는 정치·군사적 필요성 때문에 교류해야 하는 나라입니다. 한편으로 국가적 이익 앞에서 경우에 따라 적이 될 수도 있는 나라였지요. 실제로 훗날 삼국 통일 과정에서 나당 군사동맹이 맺어졌고, 또 나중에는 나당 전쟁이 있었던 것으로도 이를 알 수 있습니다.

3층은 오월, 4층은 탁라를 막기 위함이라고 합니다. 오월은 오나라와 월나라로 보고 있으며, 탁라는 탐라국(오늘날 제주도)으로 보고 있습니다.

5층은 응유를 막기 위함이라고 합니다. 응유는 대체로 백제로 보고 있습니다. 백제는 신라에게 가장 위협적인 나라였지요. 한때 고구려를 상대하기 위해 나제동맹을 맺기도 하였지만, 신라가 한강 유역을 독차지하고 백제 성왕이 신라와의 전투에 크게 패해 왕마저 전사하면서 이후로는 서로 원수의 나라가 되어버렸지요.

6층은 말갈, 7층은 단국(거란족), 8층은 여적(여진족)을 막기 위함이라고 합니다. 이들은 북방 민족으로서 우리 민족에게 오랜 세월 동안 위협적인 존재였습니다

끝으로 9층은 예맥을 막기 위함이라고 합니다. 예맥은 고구려이지요. 고구려는 신라가 삼국의 주도권을 확보하고, 나아가 삼국을 통일하기 위해서 반드시 넘어야 할 산이기도 하였습니다.

이렇듯 황룡사 9층목탑의 각 층에는 외적들 하나하나를 방어하기 위한 신라인의 염원이 담겼다고 보고 있습니다. 그런데 여기에 덧붙여 또 다른 해석도 있습니다. 9라는 수는 전통적으로 천하를 상징하는 성스러운 숫자라고 합니다. 따라서 9층은 천하를 호령하겠다는 신라인의 의지를 드러낸 것으로 보기도 합니다.

다음으로는, 황룡사 9층목탑이 오늘날 남아있지 못하게 된 이야기를 해보겠습니다. 앞서 이 목탑이 몽골의 침략을 받아 소실되었다고 언급

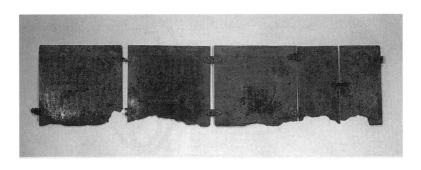

찰주본기刹柱本記 황룡사 터에서 발견된 금동판으로 황룡사 9층목탑의 중수 과정 등이 새겨져 있으며, 2015년에 보물로 지정되었다. ⓒ 문화재청

했습니다. 그런데 그때 소실되었던 탑이 최초의 황룡사 9층목탑이었을까요? 그리고 그 탑은 신라인이 만든 탑이 맞을까요?

굉장히 엉뚱한 질문 같습니다. 이제껏 황룡사 9층목탑에는 신라인의 염원이 고스란히 담겼다고 해놓고, 갑자기 신라를 부정하는 듯이 질문하니 말입니다. 그런데 사실 몽골에 의해 소실된 황룡사 9층목탑은 최초의 것도 아니고, 신라인이 만든 것도 아닙니다. 도대체 그동안 무슨 일이 있었던 것일까요?

선덕여왕 때 건립된 황룡사 9층목탑은 효소왕 시절에 벼락을 맞았다고 합니다. 목탑이 완공되고 약 50여 년이 지난 뒤의 일이었지요. 나무로 만든 거대한 목탑이 벼락을 맞았으니 견디기 어려웠을 것입니다. 그로부터 20여 년 뒤 경덕왕 때 신라는 황룡사 9층목탑을 재건하였습니다. 하지만 868년 경문왕 때 다시 벼락을 맞았고, 신라는 목탑을 또다시 재건해야만 했습니다.

황룡사 9층목탑의 시련은 고려 때도 이어졌습니다. 고려 광종 때인 953년에 또 벼락을 맞아서 현종 때인 1021년에 다시 지었습니다. 정종 때인 1035년에도 벼락을 맞아 문종 때인 1064년에 다시 지었고, 현종 때인 1095년에 벼락을 맞은 뒤 숙종 때인 1096년에도 다시 지었습니다. 신라 때 처음 건축한 이래 고려 숙종 때까지 횟수로 치면 모두 여섯 차례 황룡사 9층목탑이 다시 세워진 것입니다. 몽골에 의해 1238년에 불타 없어진 황룡사 9층목탑은 고려 숙종 때 재건한 목탑입니다. 몽골은 호국 불교의 염원이 담긴 황룡사와 이 목탑을 그냥 두기 싫었을 것입니다. 그래서 불태워 버렸을 테지요.

어찌되었든 몽골에 의해 불탄 목탑은 신라인이 아니라 고려인이 만든 목탑인 셈입니다. 하지만 오늘날 우리는 황룡사 9층목탑을 신라의 문화유산으로만 기억하고 있지요. 제가 다른 한국사 교양 도서를 출간하면서 그 책 내용에 문화유산을 바라볼 때는 처음 만들어진 시기에만 얽매이지 말고, 통시대적으로 바라봐야 한다고 주장한 바가 있습니다. 문화유산은 어느 한 시대의 몫이 아닙니다. 그 문화유산이 이렇듯 보존될 수 있었던 것은 시대를 거치며 이를 유지하려는 노력이 끊임없이 이어졌기 때문입니다.

황룡사 9층목탑도 마찬가지라고 생각합니다. 이 탑에는 분명 신라인의 뛰어난 건축 기술과 국가의 안녕을 지키려는 염원이 오롯이 담겨 있습니다. 하지만 훗날 그것을 멸망한 나라의 유산으로 치부하지 않고, 벼락을 맞아 몇 번이나 소실되었음에도 세 차례나 재건해 이어가려고 했던 고려인의 모습도 잊지 말아야 할 것입니다. 물론 오늘날 경주 타워를 통해 황룡사 9층목탑의 위대함을 현대적으로 재탄생시키고자 한 지금의 우리에게도 박수를 보내야 할 것입니다.

황룡사 9층목탑은 지금 세상에 없습니다. 하지만 우리 민족의 위대한 문화유산, 자랑스러운 문화유산, 감동의 문화유산으로 우리 마음속에 영원히 남을 것입니다. ♣

세계에서 가장 오래된 목탑은 무엇일까?

7세기 무렵에 크게 발전한 일본의 고대 문화를 아스카飛鳥문화라고 한다. 이 아스카문화를 언급할 때 꼭 빼놓을 수 없는 사찰이 있다. 쇼토쿠 태자가 발원하였다고 전하는 호류사法隆寺이다. 나라 현 호류사에는 아스카문화를 대표하는 많은 문화유산이 남아있는데, 호류사 5층목탑도 그중 하나이다.

호류사 5층목탑은 현존하는 세계에서 가장 오래된 목탑으로 알려져 있다. 얼핏 보면 엄청난 규모 때문에 탑이라기보다는 그냥 건물처럼 보인다. 이 탑의 높이는 약 30미터에 이르는데, 대략 11층 높이의 아파트에 견줄 수 있다. 이 엄청난 목탑이 7세기에 만들어졌다고 하니 실로 대단하다고 할 수 있다. 그렇게 보면 비록 몽골에 의해 소실되었지만, 약 80미터 높이의 황룡사 9층목탑이 보존되었다면 그야말로 경이롭기 그지없었을 것이다.

목탑의 속성상 건립 당시의 모습이 그대로 유지되기는 어렵다. 호류사 5층목탑도 중간중간 대규모 보수 공사가 진행되었다. 그럼에도 처음 지어진 때의 모습을 최대한 유지하고 있고 세계에서 가장 오래된 목탑이기 때문에 그 가치는 매우 높다고 할 수 있다.

이 탑은 백제의 정림사지 5층석탑과 생김새가 매우 비슷하다는 평가

일본 호류사의 5층목탑과 금당(앞쪽). 이 탑은 호류사 금당과 함께 세계에서 가장 오래된 목조 건축물로 평가받고 있다. 금당金堂에는 고구려의 승려 화가 담징이 그린 것으로 알려진 벽화가 있다. ⓒ 663highland

를 받고 있다. 백제는 일본의 아스카문화 형성에 큰 영향을 끼쳤는데, 호류사 5층목탑도 백제 탑의 영향을 받은 것으로 보고 있다. 실제로 호류사에는 백제관음상이라고 불리는 불상이 있기도 하다. 이 또한 호류사가 백제의 영향을 받았다는 사실을 뒷받침하고 있다.

수학과 과학을 품은 위대함, 석굴암과 첨성대

문화유산에는 그 자체로 아름다움과 위대함을 느낄 때가 있습니다. 그런데 문화유산에 대해 더 자세히 알고서 보면 감동이 배가되곤 하지요. 예를 들어 그냥 문화재 정도로 알고 있다가 국보로 지정된 유산이라는 것을 알고 보면 왠지 더 대단해 보이는 느낌이 듭니다. 무릇 아는 만큼 보이는 게 예술품의 속성이기도 하지요.

더 나아가서, 그 문화유산이 지닌 위대한 가치를 이해하고 바라보면 더욱 신비로울 것입니다. 그와 관련해 이 장에서는 우리에게 너무나 잘 알려진 석굴암과 첨성대 이야기를 들려드리고자 합니다. 이 두 문화유산이 갖는 크나큰 역사적·예술적 가치가 있겠지만, 그중에서 수학과 과학의 눈으로 그 가치를 한번 조명해보겠습니다.

완벽한 비례의 조형물, 석굴암

• • •

경주에 가면 꼭 가봐야 할 두 곳이 있습니다. 바로 불국사와 석굴암이지요. 공교롭게도 이 두 곳은 1995년 동시에 유네스코 세계유산으로 지정되었습니다. 두 절이 함께 지정된 것이지요. 불국사는 절이지만 석굴암이 왜 절인가라고 의아해할 수도 있을 텐데, 석굴암도 엄연히 절입니다. 인공으로 만든 석굴에 절을 세운 것이지요. 그래서 건립 당시에는 석굴사라고 불리기도 했습니다.

석굴암은 751년 신라 경덕왕 때 재상이던 김대성이 창건하기 시작해 774년 혜공왕 때 완공한 것으로 전해집니다. 역시 위대한 문화유산은 쉽게 만들어지지 않는다는 사실을 석굴암 또한 잘 보여주고 있습니다.

그런데 유네스코는 왜 석굴암을 세계유산으로 지정했을까요? 물론 국보 제24호이기도 합니다.

여러 이유 중에서 먼저 조형미를 들 수 있습니다. 석굴암은 자연 그대로의 석굴이 아닙니다. 물론 중국 같은 나라에도 석굴 사원이 있습니다. 하지만 그곳은 자연 석굴에 조성된 사원이지요. 석굴암은 앞서 언급했듯이 인공 석굴입니다. 토함산 중턱에서 화강암을 다듬고 천장, 벽, 바닥 공사를 통해 석굴 사원을 만들었습니다. 다시 말해 석굴암은 절이기도 하지만, 하나의 거대한 조형물이기도 합니다. 굴 내부의 본존불상을 비롯한 여러 조각품의 예술적 가치는 이루 말할 수 없지요. 석굴암의 조형미는 세계적인 그 어떤 조형 문화유산에 견주어도 손색이 없을 만큼 훌륭하다는 평가를 받고 있습니다.

이뿐이 아닙니다. 외관적인 아름다움을 넘어 수학적 비율이 반영된

석굴암의 상징인 본존불상의 모습. ⓒ Junho Jung

건축 기법을 자세히 살펴보면 석굴암의 위대함과 그 가치에 새삼 눈뜨게 됩니다. 석굴암은 크게 전실과 통로, 주실로 구성되어 있습니다. 전실은 일종의 입구로 생각하면 되는데 사각형 구조입니다. 그리고 전실에서 주실로 이어지는 통로가 있습니다. 통로는 복도 역할을 하는 것이라고 보면 되지요. 주실은 쉽게 말하면 집의 안방이라고 할 수 있으며 원형으로 되어있습니다. 특히 주실의 천장은 360여 개의 넓적한 돌로 구축되어 있는데, 이 건축 기법은 세계에서 그 유례를 찾기 어려울 만큼 아주 뛰어난 기술이라고 합니다.

석굴암은 12당척唐尺을 기본으로 설계되었습니다. 당척은 중국 당나라에서 길이를 잴 때에 쓰던 자인데, 1척은 오늘날로 환산하면 약 29.7cm입니다. 먼저 원형으로 된 주실의 반지름은 12당척이고, 벽에 새겨진 조각상의 아래에서 윗부분에 이어진 판석의 길이도 12당척입니다. 또 본존불에 참배하는 사람의 위치는 본존불에서 12척의 두 배 되는 지점입니다. 보통 키의 성인이 이곳에서 본존불을 바라보면 불상 머리가 정확히 광배(머리나 등 뒤에 광명을 표현한 부분) 중앙에 위치하게 된다고 합니다. 굉장히 이상적인 위치라 할 수 있습니다. 이밖에도 12척과 관계된 구조들이 더 있는데, 한마디로 말해 석굴암 내부는 12당척으로 완벽하게 구조화되었다고 할 수 있습니다.

수학적 비율 면을 이야기할 때 석굴암 본존불상도 빼놓을 수 없습니다. 본존불상의 얼굴은 2.2자입니다. 가슴 폭은 4.4자, 어깨 폭은 6.6자, 양쪽 무릎의 너비는 8.8자입니다. 완벽하게 1:2:3:4의 비율을 갖고 있지요. 게다가 석굴암에는 정사각형과 그 대각선, 정삼각형과 수선, 원에 내접하는 정육각형의 사용 등 수학적 원리가 응용되었습니다.

석굴암이 향해 있는 방향도 과학적이라는 주장이 있습니다. 석굴암이 동지 때 해 뜨는 방향을 향하고 있다는 것이지요. 실제로 그 방향과 거의 오차가 나지 않는다고 합니다. 신라 사람들이 실제로 동지 때의 일출을 고려해 석굴암의 방향을 정했다면 정말 뛰어난 과학적 사고가 반영되었다고 하지 않을 수 없습니다.

석굴암은 동서양 건축문화 양식의 복합체라는 평가를 받기도 합니다. 먼저 석굴암은 간다라 미술의 영향을 받은 것으로 보고 있습니다. 간다라 미술은 서양 헬레니즘 문화에 영향을 받은 불교미술 문화이지요. 불교가 인도에서 창시된 초창기에는 부처를 형상화한 불상을 만들지 않았다고 합니다. 그런데 헬레니즘 세계를 열었던 알렉산드로스 대왕이 영토를 확장해 나가는 과정에서 인도에까지 영향력을 넓혔고, 이때 헬레니즘 문화가 인도 서북부 지역에까지 전파되었습니다. 헬레니즘 문화는 그리스 문화를 포함하고 있기에 조각상을 많이 만드는 특징을 갖고 있습니다. 그 문화가 그대로 불교문화에 녹아들어 불상이 만들어지게 된 것이지요.

이렇듯 인도에서 시작된 불상은 불교가 아시아로 널리 전파되는 과정에서 중요한 매개체가 되었습니다. 중국도 이에 영향을 받아 여러 석굴사원을 만들었고, 대형 석불을 제작하기도 하였지요. 석굴암 역시 불교가 전파되는 과정에서 이러한 간다라 미술에 영향을 받은 것으로 보고 있습니다.

석굴암에서 빼놓을 수 없는 특징 중의 하나는 돔 구조입니다. 천장이 돔으로 되어있는데, 돔은 로마 건축문화의 대표적인 구조입니다. 그 같은 돔 구조가 석굴암에 영향을 끼친 것으로 보고 있습니다. 사실 앞서 언급했듯이 인공 석굴 자체로도 신기한 것입니다. 그런데 여기에 더해 화강암으로 짜맞춘 돔 구조까지 갖추었으니 석굴암의 건축 기법은 실로 대단하다고 하지 않을 수 없습니다.

이처럼 석굴암은 간다라 미술, 돔 구조 등 서양 문화의 영향을 받았습니다. 또한 중국의 불상 양식에도 영향을 받았지요. 하지만 무엇보다 중요한 것은 석굴암이 외래문화를 수용하되, 신라인 특유의 문화적 감각과 기술력을 통해 창의적인 건축물이자 예술품을 만들어 냈다는 사실입니다. 그래서 석굴암은 동서 문화가 복합되어 만들어진 위대한 산물이라는 평가를 받기도 합니다. 누군가는 석굴암을 '동서양 문화의 용광로'라는 멋진 표현을 하기도 했고요.

그런데 석굴암과 관련해 안타까운 면도 있습니다. 바로 원형 보존 문제이지요. 먼저 석굴암에는 작은 석탑 하나가 있었다고 합니다. 본존불상 뒤에 있었지요. 그런데 오늘날 이 석탑은 석굴암 안에 없습니다. 석탑이 사라진 것에 대해서는 여러 설이 있습니다. 그중에 일제강점기 때 일본 관리에 의해 없어졌다는 설이 많이 이야기되곤 합니다. 한국 사람들만의 일방적인 주장이 아니라, 일본인 미술 연구가 등이 그러한 증언을 남기기도 했습니다. 물론 100퍼센트 규명된 사실이 아니기 때문에 단정 지을 수는 없지만 일제강점기에 도난 사고가 있었다는 게 애석할 따름입니다. 다시 말하지만 석굴암은 절입니다. 절에 가장 기본적으로 있어야 하는 것이 불상과 탑이지요. 그런데 그 석굴암에 본존불만 있고 탑이 없어졌으니 참으로 허탈하기도 합니다.

석굴암의 원형 보존 문제는 계속 이어집니다. 1913년 일제강점기 때 일본은 석굴암을 완전히 개·보수하였습니다. 당시 일본은 석굴암을 보

일제강점기에 개·보수하기 전의 석굴암 모습. 부실 복원에 따른 습도 문제로 현재는
유리벽으로 막아 보존하고 있다.

수하지 않으면 천장의 붕괴와 본존불의 훼손 우려가 있다며 공사를 강
행했지요. 이 공사로 석굴암은 완전히 해체되고 재조립되었습니다. 세
계적으로 소중한 문화유산인 석굴암이 일본인 손에 의해 보수되었다는
것 자체가 굴욕적인 일이 아닐 수 없습니다. 일제강점기였으니 어쩔 수
없었다고 하기조차도 부끄러울 뿐입니다. 일본의 무책임한 보수 방법
또한 문제였습니다. 일본은 당시에 첨단 건축자재라고 하는 콘크리트(시
멘트를 이용하는 방법)로 석굴암의 외벽을 감쌌습니다. 그런데 시멘트는 석
굴암에 전혀 맞지 않는 재료였습니다. 이 건축 시공 이후로 석굴암에는
결로와 누수 현상이 생겨났습니다. 게다가 시멘트에서 나오는 탄산가스
와 칼슘 등이 화강석 벽을 손상시키기 시작했습니다. 일본은 수차례 재

공사를 하였지만 근원적인 문제를 해결하지는 못하였습니다.

광복 이후 1962년, 석굴암에 대한 보수 공사가 시작되었습니다. 일본인들의 보수 공사로 인한 여러 문제점을 해결하고자 최대한 노력하였지요. 하지만 한번 어그러진 상황을 되돌리는 것은 그리 녹록하지 않았습니다. 오늘날에도 석굴암은 습도 문제가 완벽하게 해결되지 못하였습니다. 그래서 일반인들은 석굴암 안으로 들어가서 관람하지 못하고 전실 앞에 가로막힌 유리 너머로 일부를 바라볼 뿐입니다. 내부를 개방하게 되면 부식 등의 문제가 발생할 우려가 있기 때문입니다. 이 같은 제한적인 조치에 석굴암을 방문하는 국내외 관람객 대부분은 큰 아쉬움을 표하곤 합니다.

석굴암은 1995년부터 국립문화재연구소에서 정기 모니터링을 하고 있습니다. 그리고 문화재청은 석굴암의 장기적인 보존 관리를 위해 다양한 노력을 기울이고 있습니다. 이러한 노력이 결실을 맺어 소중하고 자랑스러운 석굴암의 진면목을 조금 더 가까이서 볼 수 있는 날이 오기를 손꼽아 기다려 봅니다.

하늘의 숫자를 첨성대에 담다
• • •

천마총이 있는 경주의 대릉원에서 자전거 길을 따라 가다보면 왼편에 돌로 쌓은 건축물이 보입니다. 특히 밤에 보면 첨성대를 비추는 주변 조명과 어울려 더욱 멋진 장관을 연출하지요. 문화유산을 밤에 보는 것도 참으로 멋있다는 생각을 들게 하는 대표적인 사례가 아닌가 싶습니다.

교과서 등에는 첨성대가 동양에서 가장 오래된 천문대로 알려져 있다고 나와 있습니다. 문화재청에서도 첨성대 소개를 그렇게 표현하고 있고요. 물론 여기에 대한 논란과 반론이 있는 게 사실입니다. 그 이유는 대개 이렇습니다.

첫째, 천체를 보는 천문대가 높은 산이 아니라 평지에 있다는 것입니다. 별 등을 관측하기 위해서는 더 높은 곳에 위치하는 게 맞지 않느냐는 논리이지요.

둘째, 건축물 자체가 별을 관찰하기에 너무도 불편한 구조라는 사실입니다. 별을 관찰하기 위해 위로 올라가려면 바깥에 계단을 두면 되지 왜 굳이 중간에 좁은 문을 만들고 그 안에서 위로 올라가는 방식을 택했는지 이해할 수 없다는 주장입니다.

셋째,《삼국사기》를 쓴 김부식이 첨성대를 언급하지 않았다는 것입니다. 첨성대가 신라 역사의 위대한 산물이었다고 하면 어떤 식으로든《삼국사기》에 언급이 되었어야 했다는 주장입니다.

이밖에 다른 이유도 있습니다. 이러한 이유들로 인해 첨성대를 천문대가 아니라 의식을 위한 상징물 혹은 제단 정도로 이해하고 있는 사람들도 있습니다.

이처럼 첨성대에 대해 천문대로서의 쓰임새를 부정적으로 보는 의견이 존재합니다. 하지만 그 같은 주장이 무조건 합당한 것은 아닙니다. 왜냐하면 그에 대해 논리적으로 반론하는 의견들도 여전히 설득력이 높기 때문이지요.

아무튼 첨성대는 그 쓰임새에 대한 이견이 있는 게 분명합니다. 하지만 여기서는 천문대로서의 쓰임새를 중심으로 이야기하려고 합니다. 문

동양의 가장 오래된 천문대로 알려
져 있는 첨성대. 362개의 화강암 벽
돌을 사용하여 축조하였으며, 1962
년에 국보 제31호로 지정되었다. ©
Zsinj

화재청과 교과서 등에서 이를 강조하고 있고 또한 여전히 많은 학자들이 천문대 이론을 지지하고 있기 때문입니다. 그럼에도 불구하고 이견이 있는 것도 분명한 사실이기에 그중 몇 가지를 앞서 소개한 것입니다. 첨성대에 관한 대표적인 역사 기록은 다음과 같습니다.

선덕여왕 때에 돌을 다듬어서 첨성대를 쌓았다. - 《삼국유사》

첨성대는 선덕여왕 때 돌을 깎아 대를 만들었는데, 위는 네모나고 아래는 둥글다. 높이가 19척이나 되어 사람들은 그 속을 아래위로 드나들면서 천문을 관측했다. - 《동경잡기》

신라에서 첨성대를 만들었다.…… 천문을 관찰하고 요망스런 기운을 살펴보는 곳이다. - 《동사강목》

이러한 사료를 통해 첨성대는 선덕여왕 때 건립된 것으로 봅니다. 물론 정확히 언제 완공되었는지는 여러 의견이 있어 확실하지 않습니다. 다만, 앞서 소개한 이견과는 달리 문헌에서는 천문을 관측하기 위한 것이라고 쓰임새를 정확히 기록하고 있습니다.

첨성대는 별을 관측하는 기능을 가진 만큼 건축물의 외형적인 부분도 천체와 연관된 과학적 의미가 있다고 합니다. 즉 첨성대의 돌을 그냥 단순하게 쌓은 것이 아니라 나름의 과학적 원리를 담았다는 것이지요.

첨성대에 사용된 돌의 숫자는 맨 아래 받침이 되는 기단과 맨 위의 상층부를 제외하면 모두 362개입니다. 이 숫자는 음력으로 일년의 날수와 거의 같습니다. 그러니까 첨성대가 한 해를 모두 담았다고 볼 수 있는 것이지요. 그리고 첨성대의 한 줄 둘레를 하나의 단으로 보았을 때, 맨 위의 정# 모양의 돌까지 합쳐 모두 28단이 나옵니다. 28의 숫자는 기본 별자리 28수를 상징하는 것으로 보고 있습니다. 맨 아래 기단까지 합하면 29가 되는데, 29는 음력 한 달의 날수이기도 하지요.

또 첨성대 중간에 나와 있는 작은 문을 중심으로 위로 12단이 있고 아래로도 12단이 있습니다. 여기에도 의미가 있다고 보고 있습니다. 일 년이 열두 달인 것과 12와 12를 합치면 24가 되는데 이것은 입춘, 경칩, 춘분 등 계절을 구분한 24절기를 뜻한다는 것이지요.

그리고 첨성대 맨 위의 정#자 모양의 돌은 동서남북을 알려주는 자오선 역할을 한다고 합니다. 각 면이 정확히 동서남북의 네 방위를 가리키고 있는 것입니다.

꿈보다 해몽이라는 말이 있습니다. 그 옛날에 첨성대를 쌓을 때 앞에서 언급했듯이 돌의 의미를 하나하나 의도한 게 아닐 수도 있습니다. 후대에 첨성대를 연구하는 사람들이 그렇게 해석했을지도 모르는 일이지요. 하지만 그렇게 보기에는 딱 맞아떨어지는 게 많아서 오묘할 따름입니다. 특히 천문학과 관련된 사실들과 말이지요. 이러한 해석이 정확하다면 신라인들의 천문과학 수준은 매우 높았다고 할 수 있습니다. 그만큼 첨성대는 과학적인 구조로 되어있습니다.

꼭 과학적인 원리와는 상관없지만, 첨성대와 관련해 재미있는 해석을 하는 사람도 있습니다. 첨성대의 꼭대기 정#자 모양의 상층부와 아래를 받치는 하층부 기단을 제외하고 몸통 기단을 세어보면 모두 27단입니다. 앞서 첨성대는 선덕여왕 때 건립되었다고 하였는데, 공교롭게도 선덕여왕은 신라의 제27대 임금입니다. 몸통 27단과 숫자가 일치하지요. 다시 말해, 첨성대 자체를 선덕여왕의 상징으로 여겨 하늘의 권위와 왕의 권위를 일치시키려는 의도였다고 보는 것입니다. 이에 대한 사실 여부는 알 수 없습니다. 다만 기발한 생각인 것만은 분명해 보입니다.

한편 첨성대의 구조와는 별개로 첨성대의 위치와 여러 기록들의 조합을 통해 첨성대가 천문대로서의 기능을 했다고 확신하는 주장들이 있습니다. 객관적인 통계를 가지고 입증한 것이라서 신뢰도가 높다는 게 주된 반응이었습니다.

우리나라 천문 연구의 대표 기관이라고 할 수 있는 한국천문연구원은 신라의 첨성대가 천문대였다고 하는 확신에 찬 주장을 한 바 있습니다. 이 기관에서는 《삼국사기》,《삼국유사》,《증보문헌비고》 등에 수록된 천문 관측 기록을 면밀하게 분석하였고, 그에 따라 첨성대가 천문대라는 근거를 아래와 같이 제시하였습니다.

먼저, 첨성대가 만들어진 이후에 기록된 유성이 떨어진 위치 다섯 군데가 모두 첨성대를 둘러싸고 있다는 것입니다. 반월성에 두 개, 황룡사와 반월성 사이에 한 개, 삼랑사 북쪽에 한 개, 그리고 황룡사 남쪽에 한 개, 이렇게 모두 다섯 개입니다. 그런데 이 유성 모두를 관찰하려면 이들 유성들이 떨어진 위치를 둘러싼 원 영역 안에서만 가능하다고 합니다. 바로 이 원 안에 첨성대가 위치하고 있고요. 별이 더 잘 보이는 산꼭대기가 아니라 평지에 첨성대가 있었던 이유는 유성을 잘 관측할 수 있는 위치 때문일 수도 있다는 것입니다.

다음은 신라의 야간 천체 관측 기록입니다. 첨성대가 건립되기 전에 신라의 천문 관측 횟수는 고구려, 백제와 거의 비슷한 수준이었습니다.

그런데 첨성대 건립 이후에 신라의 관측 횟수는 자그마치 10배 이상 증가하였습니다. 또한 첨성대 건립 이후에 유성이나 행성 현상 등 전문적인 내용의 기록이 더 많다는 특징도 있다고 합니다.

첨성대가 제단이었다는 주장에 대해서도 사료를 근거로 다른 의견을 제시하였습니다. 신라에서 별에 대한 제사는 본피유촌本彼遊村, 해와 달에 대한 제사는 문열림文熱林, 오행성에 대한 제사는 영묘사靈廟寺 남쪽에서 지냈다고 《삼국유사》에 기록되어 있다는 사실에 바탕한 주장입니다. 다시 말해, 신라는 다른 곳에서 천문과 관련된 제사를 지냈기 때문에 첨성대가 꼭 제단이 될 수는 없다는 말이지요.

앞에서 살펴봤듯이 첨성대는 매우 과학적인 구조로 되어있습니다. 또한 사료 속 여러 자료를 통해서도 천문대로 볼 수 있는 상당한 근거를 가지고 있습니다. 그렇기 때문에 비록 논란이 없지는 않지만, 문화재청의 첨성대 소개 자료나 교과서에 나오는 '동양에서 가장 오래된 천문대'라는 표현은 무리가 없다고 생각됩니다.

첨성대는 우리 조상이 남긴 위대한 문화유산입니다. 따라서 논란의 대상으로 여기기보다는 첨성대가 지닌 역사적, 문화적 가치를 중심으로 바라보는 게 좋지 않을까 생각해봅니다. 자랑스러운 우리의 문화유산으로 말이지요. ♣

고려의 찬란한 문화유산, 고려청자와 직지심체요절

남을 의식하며 살 필요는 없지만, 주변 사람들의 칭찬은 자존감을 높여주는 경우가 많습니다. 예를 들어 몇몇 사람에게서 자신의 눈이 예쁘다는 칭찬을 들으면 왠지 한 번 더 거울을 보게 됩니다. 그리고 사실 잘 몰랐는데, 실제로 예뻐 보이기도 하는 등 기분이 좋아지지요.

우리 문화유산도 마찬가지입니다. 외국에서 우리의 문화유산이 갖는 예술성 혹은 역사적 의의에 대해 그 가치를 높게 평가하면 내심 굉장히 뿌듯합니다. 그와 동시에 그 문화유산이 더 소중하고 가치 있게 느껴지곤 하지요.

고려가 남긴 많은 문화유산 중에 고려청자와 직지심체요절 또한 그 같은 좋은 예가 아닐까 합니다. 그런 뜻에서 이번에는 이 두 문화유산에 대해 들려드리겠습니다. 왜냐하면 이 둘은 다른 나라들도 인정하고 감탄해 마지않는 고려를 대표하는 문화유산이니까요.

천하제일의 비색, 고려청자

• • •

낙양洛陽의 꽃, 연주蓮州의 차茶, 촉蜀 지방의 비단, 정요 백자, 고려 비색翡色은 모두 천하제일이다. 다른 곳에서는 따라 하고자 해도 도저히 따라할 수 없는 것들이다. - 《수중금》

이 자료는 중국 송나라 학자로 알려진 태평노인의 저서 《수중금》에 나오는 글입니다. 예전에 초고속 인터넷의 속도 경쟁이 치열했을 시절, 어느 통신사 광고의 카피가 생각납니다. '따라올 테면 따라와 봐!' 경쟁사가 결코 따라올 수 없는 속도라는 것을 강조하기 위한 표현이지요. 태평노인도 천하에서 제일의 것들을 언급하며 다른 지역에서는 결코 따라하지 못할 거라 강조하고 있습니다. 그런데 위에서 우리 눈에 띄는 단어가 있습니다. 바로 '고려 비색'입니다. 고려 비색은 고려청자를 말합니다. 고려청자의 표면에서 특유의 비색이 나오기 때문이지요. 그렇다면 왜 태평노인은 고려청자를 천하제일이라고 했을까요?

먼저 청자가 어떤 것인지에 대해 알아볼 필요가 있습니다. 청자는 자기의 하나입니다. 자기는 매우 높은 온도에서 만들어지지요. 무려 1,300도 정도는 되어야 그릇이 가벼우면서도 단단하고, 두드렸을 때 아주 청명한 소리가 납니다.

그래서 붉은색 진흙인 도토陶土를 가지고 비교적 낮은 온도에서 만드는 도기와는 달리 자기는 만들기가 매우 어렵습니다. 1,300도를 만들고 유지하는 게 결코 쉬운 일은 아니었으니까요. 또한 자기를 만들기 위해서는 그 높은 온도에서도 깨지지 않고 견딜 수 있는 특별한 흙인 자토瓷土를 구해야만 했습니다. 이처럼 자기는 재료와 기술력 면에서 쉽게 만들 수 있는 게 아니었지요.

청자를 처음 제작한 곳은 중국입니다. 중국은 3세기, 즉 우리나라 삼국시대 초기부터 청자를 생산해왔습니다. 이후 선종이 유행하면서 차를 즐기는 선종 승려들이 청자에 따라서 마시게 되자 청자의 생산과 사용이 점차 확대되었지요. 그러한 영향을 우리나라도 받게 됩니다. 중국의 청자가 수입되기도 하고요. 이 과정에서 9~10세기 무렵에는 우리나라에서도 청자가 조금씩 만들어졌다고 합니다. 하지만 그 당시 청자를 제작하는 기술력에는 많은 한계가 있었겠지요.

그러다가 고려 시대에 들어와서 드디어 우리나라의 청자 문화가 꽃피우기 시작합니다. 전라도 부안과 강진 등 한반도 서해안과 남해안 일대에 청자 생산지가 많이 형성되었습니다. 서해안과 남해안은 지리적으로 중국과 교류가 활발해 자기 문화가 일찍부터 유입되었습니다. 또한 한반도에서는 따뜻한 지역이기에 차 문화가 발달한 곳이었지요. 그래서 자연스럽게 청자 생산지의 중심지가 되었던 것으로 보입니다.

고려 시대에 청자는 오로지 중국과 고려만이 만들 수 있었다고 합니다. 그만큼 만드는 것 자체도 높은 기술력을 필요로 하지요. 그런데 여기에 그치지 않고 고려는 청자 만드는 기술을 한층 더 발전시켜 고려의 비색을 만들어냈습니다. 사실 고려청자는 말 그대로 청색이라고 하기는

고려청자의 수려한 모양새. 위에서부터 청자어룡형주전자, 청자 상감운학문 매병, 청자 상감모란문 항아리이며 모두 국보로 지정되어 있다. ⓒ 문화재청

어려울 것 같습니다. 차라리 녹색에 가깝다고 할 수 있지요. 그렇다고 완전한 녹색 또한 아닙니다. 밝고 은은한 녹색에 가까운 빛깔이라고 하면 좋을까요? 바로 이것이 비색입니다. 옥과 비슷한 색깔이면서도 또 다른 고려청자만의 특유의 색깔이지요.

김치찌개를 끓이는 조리법이 있을 것입니다. 하지만 똑같은 조리 방법대로 하더라도 맛은 천차만별입니다. 너무도 많은 변수가 있기 때문이지요. 어떤 재료를 쓰는지, 그리고 그 재료의 비율은 어떻게 하는지, 어느 정도 끓인 후에 양념을 넣는지, 결정적으로 누가 만드는지 등등 맛이 달라지는 요인들이 너무도 많습니다. 마찬가지입니다. 청자를 만드는 방법을 안다고 하더라도, 비색을 만드는 것은 또 다른 차원의 문제입니다. 간혹 TV를 보면 도자기를 만드는 장인이 다 구운 도자기를 하나씩 살펴보다가 망치로 깨뜨리는 장면이 나옵니다. 자신이 생각하는 빛깔이 나오지 않으면 가차 없이 깨뜨려버리지요. 고려청자의 비색도 그렇게 탄생했을 것입니다. 고려의 장인들이 끊임없이 만들고 또 깨뜨리고를 반복해서 만들어낸 빛깔인 것입니다.

그 고려청자의 비색을 송나라의 태평노인이 천하제일이며, 어느 지역에서도 따라올 수 없다고 말한 것입니다. 이러한 평가는 태평노인만이 내린 것은 아닙니다.

도기의 빛깔이 푸른 것을 고려인은 비색이라고 하는데, 근년의 만듦새는 솜씨가 좋고 빛깔도 더욱 좋아졌다. 술그릇의 형상은 오이 같은데 위에 작은 뚜껑이 있는 것이 연꽃에 엎드린 오리의 형태를 하고 있다. – 《선화봉사고려도경》

《선화봉사고려도경》은 송나라의 사신인 서긍이 1123년에 고려에 와서 한 달 동안 머물면서 보고 들은 사실을 기록한 것입니다. 모두 40권으로 이루어진 이 책에는 고려에 관한 다양한 이야기가 담겨 있습니다. 이 글에서 서긍은 고려청자의 비색을 높게 평가하고 있습니다.

송나라의 태평노인과 서긍이 고려청자에 대해 극찬을 아끼지 않은 것은 오늘날의 스마트폰을 연상하게도 합니다. 사실 스마트폰은 2000년대 후반에 미국의 A사가 혁신적인 스마트폰을 내놓으면서 세상을 깜짝 놀라게 했습니다. A사의 혁신적인 아이디어와 기술력은 칭찬받기에 부족함이 없었습니다. 기존에 휴대폰을 만들던 세계 굴지의 회사들은 큰 자극을 받았을 것입니다. 하지만 휴대폰 생산 시스템을 바꾸는 것도, A사의 기술력을 따라잡는 것도 쉽지는 않았겠지요. 그런데 한국의 S사, L사 등이 오래지 않아 미국 A사처럼 스마트폰을 만들어냈습니다. 그리고 몇 년이 지나서는 한국의 스마트폰 제조사들이 세계 시장을 선도하기 시작하였습니다. 이에 세계인들은 한국이 만들어낸 스마트폰의 디자인과 기술력을 높이 평가하였지요.

송나라의 대표적인 수출품 중의 하나가 바로 도자기, 즉 청자였습니다. 청자를 처음 만든 곳이 중국이었고, 송나라 대에 이르러 청자는 더욱 훌륭하게 제작되었습니다. 그럼에도 불구하고 태평노인이 천하제일로 송나라의 청자가 아닌 고려청자를 언급했다는 데서 그만큼 고려청자의 비색이 실로 대단했다는 사실을 알 수 있습니다.

이렇듯 천하제일의 것으로 인정받던 고려청자는 한 단계 더 발전합니다. 바로 상감기법이 청자에 적용된 것입니다. 상감기법은 겉면에 홈을 파고 그곳에 다른 재료를 넣는 방식입니다. 청자를 만드는 고려의 장인들은 겉면에 홈을 파서 여러 가지 모양을 냈습니다. 그리고 여기에 백토와 자토를 채워 넣은 다음 구웠습니다. 이로써 비색 바탕에 흰색과 검은색의 멋진 문양이 들어간 청자가 탄생합니다. 이것이 상감청자입니다. 청자 사진에서 학이나 꽃문양이 있는 것을 다들 보았을 테지요. 바로 이것이 상감기법이 반영된 청자입니다.(65쪽 참조)

상감기법을 청자에 적용한 것은 고려청자가 처음이라고 합니다. 이는 고려청자의 독창성, 그리고 예술적 경지에 이른 청자 제작 기술을 보여 준 것이라고 하겠습니다.

고려청자는 오늘날에 보더라도 매우 아름답고 훌륭한 예술품임에 틀림없습니다. 그런데 그 당시에 만들었던 고려청자를 오늘날 그대로 재현하기는 어렵다고 합니다. 몽골의 침략과 원 간섭기를 거치며 고려청자가 퇴조했기 때문이지요. 몽골의 침략으로 국토가 황폐화되면서 청자 제작소가 크게 줄어들고 장인들도 많이 사라졌습니다. 고려청자는 그 기술이 대대로 전수되어야만 하는데 차츰 대가 끊어지게 된 것이지요.

물론 조선 시대에 순수 백자, 청화백자 등 또 다른 우수한 도사기들이 등장하면서 우리나라 도자기 기술의 명맥을 이어 나갔습니다. 그래도 고려청자가 가진 그 곱고도 은은한 비색은 어디에 견주기 어려울 것 같습니다.

영국 어느 박물관의 도자기 전문가인 윌리엄 허니는 1945년에 펴낸 그의 저서《중국과 극동 각국의 도자기》에서 고려청자에 대해 이렇게 말했다고 합니다.

"최상급의 한국 도자기는 세계 도자기 중에서도 가장 우아하고 진실하다. 도자기가 가지는 모든 장점을 갖추고 있는데, 그것은 행복한 민족의 소산임을 첫눈에 말해주고 있다."

고려청자는 우리 조상이 남긴 문화유산 가운데 세계적인 자랑거리로서 손색이 없습니다. 천하의 으뜸이라는 칭송과 함께 우리 역사를 찬란하게 장식해주는 문화유산 중 하나인 것이지요.

직지심체요절과 박병선 박사의 삶
• • •

대학을 다닐 때였습니다. 대학에서는 과제report를 내야 하는 경우가 많습니다. 그런데 그때만 하더라도 컴퓨터 보급률이 낮아서 리포트 용지에 깨알 같은 글씨로 적는 학생들이 꽤 있었습니다. 하지만 컴퓨터를 이용하면 손쉽게 작성할 수 있었지요. 보기에도 아주 좋았고요. 어떤 선배는 자신의 과제를 컴퓨터로 후딱 끝내고 후배들을 도와주기까지 했습니다. 그는 1분에 500자를 칠 정도로 아주 빠른 타자 실력을 가지고 있었으니까요.

워드프로세서는 인쇄의 또 다른 방법입니다. 목판이나 금속으로 찍는 게 아니라 전자식으로 찍어내는 것이지요. 최근에는 이동하면서 스마트폰으로 작성한 문서를 다른 장소에서 실시간으로 출력할 수 있는 단계에까지 이르렀습니다. 이처럼 인쇄술은 우리 인류 역사의 아주 위대한 발명이라고 할 수 있습니다.

특히 세계사에서 인쇄술의 획기적인 발전에는 금속활자를 빼놓을 수 없습니다. 1997년 미국의 한 월간지에서 지난 천 년 동안 세계사에서 가장 중요한 100대 사건과 인물을 조사하였는데, 그때 1위는 독일의 구텐베르크가 금속활자 인쇄술로 만든 《42행 성서》였다고 합니다. 르네상스, 종교개혁, 산업혁명, 시민혁명 등이 그 뒤를 이었고요. 그만큼 금속활자는 인류 역사에서 중요한 발명이라 할 수 있지요.

그런데 구텐베르크의 금속활자가 인류에 큰 영향을 끼친 것은 맞지만, 그것이 세계 최초는 아닙니다. 왜냐하면 우리나라에서 1377년에 인쇄된 《직지심체요절直指心體要節》이 구텐베르크의 성서보다 78년이나 앞선 금속활자본이기 때문입니다.

《직지심체요절》의 정식 명칭은 《백운화상초록불조직지심체요절》입니다. 그냥 줄여서 '직지'라고도 하는데, 여기서도 간략히 직지라고 하겠습니다. 직지는 고려 승려 경한이 불교에서 말하는 선禪의 요체가 무엇인지를 깨닫는 데 필요한 내용을 정리해 엮은 책입니다. 1377년에 청주 흥덕사에서 금속활자로 찍어내었고, 상권과 하권으로 되어있습니다.

직지가 세상에 알려진 것은 얼마 되지 않습니다. 왜냐하면 우리나라에 없었기 때문이지요. 직지는 1890년대 말에 주한 프랑스 공사로 있던 콜랭 드 플랑시가 수집해서 가져간 것으로 알려져 있습니다.

당시에 외교관들은 자신이 머물던 나라의 책을 수집해 본국의 외국어 학교에 보냈다고 합니다. 그 때문에 플랑시가 직지를 어떻게 수집했는지는 정확히 알 수 없습니다. 그리고 플랑시가 수집하기 이전에 직지가 어디에 있었고, 누가 보관했는지도 현재로선 알 수 없습니다. 다만 대한제국 시기에 직지는 우리나라가 아닌 프랑스로 건너가야 했다는 것만이 사실로 남아있습니다.

그리고 1900년에 파리에서 만국박람회가 있었는데, 그때 한국전에서 직지가 공개되었다고 합니다. 그 뒤로 직지의 존재는 묻혀버리지요.

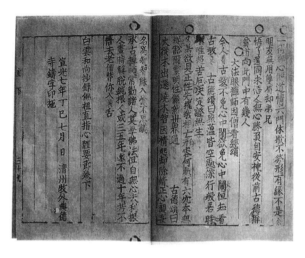

《직지심체요절》 하권. 현재 프랑스 국립도서관에 소장되어 있다. ⓒ 대한민국

그러다가 직지의 존재와 직지가 갖는 세계사적 가치를 어느 한국인 학자가 찾아내어 세상에 알리게 됩니다. 그녀가 바로 박병선 박사입니다.

박병선 박사는 한국에서 촉망받는 젊은 역사학자였습니다. 서울대를 졸업한 그녀는 1955년에 프랑스로 유학을 떠났습니다. 이후 프랑스 소르본 대학에서 역사학 박사학위를 받았고, 프랑스 국립고등교육기관(콜레주드프랑스)에서 종교학 박사학위를 받는 등 학문 연구에 매진하며 그곳에서도 인정을 받았습니다.

1967년부터는 프랑스 국립도서관의 사서로서 근무하게 되었습니다. 사실 그녀가 국립도서관에서 근무하고자 했던 이유는 외규장각 의궤 때문이었습니다. 병인양요 때 프랑스군이 약탈해간 외규장각 의궤를 찾겠다는 오랜 다짐이 있었지요.

그녀는 사서로서 본연의 임무에 충실하면서도 시간이 허락할 때마다 장서를 뒤졌습니다. 하나하나 꼼꼼히 살펴보았지요. 그러다가 도서관 귀퉁이에서 먼지에 뒤덮인 한 권의 책을 발견하게 됩니다. 그것이 바로 직지였습니다.

직지는 상, 하권 모두 두 권입니다. 그런데 발견 당시에 두 권 중 상권은 없고 하권만 있었지요. 상권이 어디에 있는지는 지금도 발견되지 않아 알 수 없습니다. 그녀가 간행 기록을 살펴보았더니 1377년이었습니다. 그런데 더 놀라운 사실은 직지의 마지막 장에 '이 책을 쇠를 부어 만든 글자로 찍어 배포하였다'는 내용이 있었다는 것입니다. 여기에서 '쇠를 부어 만든 글자'는 물론 금속활자를 의미합니다.

이는 놀라운 발견이 아닐 수 없었습니다. 세계에서 가장 오래된 금속 활자본으로 인정받는 구텐베르크의 성서(1455년 인쇄)보다 몇 십년이나 빠른 것이기 때문입니다. 하지만 이 사실이 바로 정설로 받아들여지는 것은 아닙니다. 객관적으로 인정받기 위한 고증 작업이 필요하였지요.

박병선 박사는 활자의 역사에 대해 깊이 연구하던 학자는 아니었습니다. 그래서 처음에는 너무 막막했다고 합니다. 하지만 그녀는 직지의 가치를 입증하기 위해 할 수 있는 모든 노력을 기울였습니다. 먼저 한국에 있는 학자들과 서신을 통해 궁금한 것들을 확인하였습니다. 그 당시에는 이메일 같은 연락 수단이 없었던 때라서 편지로 일일이 주고받아야 했습니다. 시일이 많이 걸리고 확인하는 내용에도 한계가 있었지요.

그런 한편으로 그녀는 중국과 일본의 인쇄술 관련 서적을 뒤졌습니다. 인쇄술의 역사에 대해서도 하나하나 확인하고 자신의 지식으로 만들었습니다. 그녀의 노력은 책 속에만 있지 않았습니다. 프랑스의 여러 대장간을 돌면서 금속활자가 어떻게 만들어지는지에 대해 직접 눈으로 확인하였습니다. 지우개와 감자로 활자체를 직접 만들어 찍어보기도 하였지요. 이러한 노력 끝에 직지가 금속활자본이라는 사실을 확실히 입증할 단계에까지 이를 수 있었습니다.

그녀의 노력은 5년 동안 이어졌습니다. 그리고 드디어 결실을 맺습니다. 1972년 프랑스 파리 국립도서관에서 '유네스코 세계 도서의 해' 기념 도서전시회에 직지를 출품하게 된 것입니다. 그녀는 그때 직지가 금속활자로 인쇄되었다는 사실을 입증해 보였습니다. 이로써 직지는 세계에서 가장 오래된 금속활자본이라는 것이 세계 학계에 공식적으로 알려지게 되었습니다. 그 후 국내외에서 직지와 관련된 연구가 계속되었고, 2001년 유네스코에서는 꼭 보호해야 할 세계기록유산으로 직지를 등재하기도 했습니다.

박병선 박사의 노력이 없었다면 직지는 도서관 한 귀퉁이에서 먼지가 쌓인 채 세상에 나오지 못했을 수도 있습니다. 또한 그녀의 헌신적인 연구가 없었다면 세계 인쇄술사에 한 획을 그을 직지의 가치가 묻혔을 수도 있습니다. 이것만으로도 박병선 박사는 칭찬과 존경을 받아 마땅한 위인입니다.

그녀의 활약은 직지에 그치지 않았습니다. 1979년에는 병인양요 때 프랑스군에 의해 약탈되었던 외규장각 의궤도 찾아내었습니다. 외규장각은 왕실 관련 서적을 보관하기 위해 강화도에 설치한 도서관으로, 왕립 도서관인 규장각奎章閣의 부속 도서관에 해당합니다. 그리고 의궤는 '의식의 궤범軌範'을 일컫는 말입니다. 왕실과 국가에서 의식과 행사를 개최할 때 그 준비와 이후의 과정을 모두 기록한 것으로 그림을 그려 신

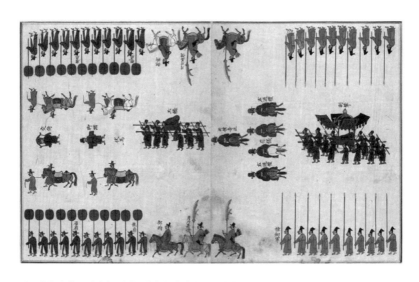

외규장각 의궤 중 하나인 〈가례도감의궤〉의 반차도(혼례의 주요 장면을 그린 그림). ⓒ 국립중앙박물관

기도 하였습니다. 조선왕조실록과 함께 우리 기록 문화의 정수를 보여
주는 문화유산이지요.

　그런데 의궤의 존재를 한국에 알렸다는 이유로 박병선 박사는 사실
상 프랑스 국립도서관에 사직서를 낼 수밖에 없었습니다. 하지만 그녀
는 외규장각 의궤 반환을 위해 계속 노력하였고, 이에 호응하여 서울대
규장각에서도 외규장각 의궤에 대한 반환 주장을 하였습니다. 우리 정
부도 프랑스에 요구하였고요. 하지만 프랑스가 쉽게 응하지는 않았습니
다. 이후 박병선 박사의 계속된 반환 노력과 우리 정부의 외교가 성과로
이어져 마침내 외규장각 의궤는 2011년에 임대 형식으로 우리나라로
돌아올 수 있었습니다.

비록 임대 형식이지만 외규장각 의궤는 145년 만에 고국으로 돌아왔습니다. 그리고 박병선 박사는 이로써 자신이 할 일을 다 했다고 여긴 것일까요? 암으로 투병 생활을 하던 그녀는 외규장각 의궤가 돌아온 2011년 바로 그해에 생을 마감하고 맙니다.

박병선 박사는 직지와 외규장각 도서 등 해외로 반출된 우리 문화유산에 대한 연구와 귀환을 위해 평생을 바쳤습니다. 그녀는 이제 세상에 없지만 그녀의 헌신적인 노력과 업적은 꼭 기억되어야 하겠습니다. ♣

구텐베르크 인쇄술, 유럽 사회의 변혁을 이끌다

1450년, 세계사에서 가장 위대한 발명으로 일컬어지는 일이 유럽에서 일어났다. 구텐베르크가 활판 인쇄술 실용화에 성공한 것이다. 물론 《직지심체요절》의 존재를 통해 고려에서 이미 활판인쇄가 이루어졌다는 사실은 틀림없다. 하지만 구텐베르크의 활판 인쇄술 발명과 활발한 보급이 세계 역사에 지대한 영향을 끼쳤다는 사실 또한 부정할 수 없다.

특히 그의 활판 인쇄술은 종교개혁에 큰 영향을 끼쳤다. 당시 유럽은 크리스트교가 정치, 사회, 문화의 중심이었고 따라서 성경은 절대적인 권위를 가졌다. 하지만 성경을 소유하고 읽을 수 있는 사람은 성직자와 일부 귀족 등 소수에 지나지 않았다. 방대한 내용의 성경을 사람이 일일이 베껴 적으며 만들어야 했는데, 아무리 빨라도 대개 일년은 걸렸다고 한다. 그에 따른 비용도 어마어마했다. 그런 이유로 성경은 소수의 지배층만 소유하고 있었다. 일반 사람들이 성경을 갖는다는 것은 엄두도 못낼 일이었다.

그런데 금속활자가 발명되면서 출판물의 대량 인쇄가 가능해졌고, 성경도 이전에 비해 훨씬 싼 가격으로 보급되기 시작하였다. 그러면서 사람들은 일부 성직자들이 성경에 맞지 않는 이야기로 자신들을 현혹시킨다는 사실을 깨달았다. 예를 들어, 돈을 내야 천국에 갈 수 있다는 성직

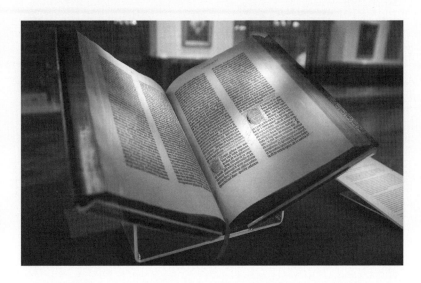

구텐베르크가 인쇄한 독일어 성경. 한 쪽에 42행이 인쇄되어 있어 《42행 성서》라고 부르기도 한다.
뉴욕 공립도서관 소장

자의 가르침이 성경에 전혀 맞지 않는 말임을 알게 되었다. 이는 곧 종
교개혁으로 이어졌다.

이렇듯 구텐베르크의 활판 인쇄술은 종교개혁은 물론 책의 보급과 그
에 따른 지식의 확산을 통해 유럽의 르네상스에 많은 영향을 끼쳤다. 활
판 인쇄술이 유럽 사회변화의 원동력이 된 것이다.

제작도 보존도 경이로운 문화 유산, 팔만대장경

앞에서 호국 불교를 대표하는 문화유산으로 황룡사 9층목탑을 소개하였습니다. 이 목탑과 함께 우리나라 역사에서 호국 불교 하면 반드시 언급되는 문화유산이 있습니다. 바로 팔만대장경입니다. 몽골이 침략했을 때 강화도로 천도한 고려 정부는 그곳에서 팔만대장경을 조판합니다. 불심佛心으로 외적의 침략을 이겨내고자 하는 염원을 담은 것이지요.

이러한 팔만대장경은 만들어진 것 자체가 참으로 위대한 일입니다. 게다가 잘 보관되어 오늘날까지 전해왔다는 사실 또한 그 못지않게 대단한 일로 평가받습니다. 팔만대장경의 제작, 그리고 보관 과정에서 있었던 극적인 이야기를 들려드릴까 합니다.

16년 동안 이어진 팔만대장경 제작

• • •

대장경은 불교에서 불교 경전의 집합체로 일컬어집니다. 그렇다고 불교 경전의 모든 내용이 담긴 것은 아닙니다. 대장경에는 부처의 설법, 부처의 가르침을 담은 실천규범, 교단 계율과 이 내용들에 대한 해설 등이 망라되어 있기 때문에 불교 경전의 집합체로 불리는 데 그리 이견은 없는 듯합니다.

그렇기 때문에 대장경의 정리와 제작은 결코 쉬운 일이 아닙니다. 더욱이 목판으로 만드는 것은 더더욱 어렵다고 할 수 있습니다. 하지만 고려는 불교의 나라임을 자부하는 국가입니다. 고려를 건국한 왕건은 고려가 세워지고 후삼국을 통일할 수 있었던 일 모두를 부처의 보살핌 덕분으로 믿었습니다. 왕건의 유언이라고도 할 수 있는 훈요십조訓要十條에서 불교를 잘 숭상해야 한다고 강조하기도 하였지요. 그래서 대장경을 국가 주도로 만들 수 있었던 것입니다.

고려가 만든 최초의 대장경은 1011년에 제작하기 시작한 초조대장경初雕大藏經입니다. 이 대장경에는 거란의 침입을 불심으로 물리치고자 하는 염원이 담겨 있습니다. 오랜 세월에 걸쳐 제작된 초조대장경은 대구 부인사로 옮겨져 보관되어 왔습니다. 하지만 1232년에 몽골이 침략하면서 그만 소실되고 말았습니다.

이 초조대장경을 대신해서 등장한 것이 바로 팔만대장경입니다. 다시 만들었다고 해서 재조대장경이라고도 하지요. 팔만대장경은 앞에서 언급했듯이 고려 정부가 강화도로 천도한 뒤 그곳에서 제작하기 시작하였습니다. 국가가 주도하는 사업이었기에 대장도감이라는 임시기구를 만

강원도 월정사에서 소장하고 있는
팔만대장경 목판본

들어 전담하도록 하였습니다. 비록 국가가 주도하기는 했어도 대장경을 만드는 일에는 수많은 사람들이 참여하였습니다. 먼저 사업에 필요한 자금을 기부받았습니다. 왕족을 비롯하여 당시 집권자였던 최우도 자신의 재산 일부를 대장경 조판을 위해 내놓았습니다. 그 밖에도 귀족부터 백성에 이르기까지 다양한 역할을 통해 대장경 사업에 참여하였지요. 불교 내의 여러 종단들도 한 목소리로 이 사업에 적극 나섰습니다. 이쯤 되면 팔만대장경 조판은 그야말로 민족 전체의 염원이 담긴 사업이라고 할 것입니다. 그만큼 몽골의 침입으로 나라가 많이 어렵고 힘든 시기였음을 말해준다고도 할 수 있고요.

팔만대장경 조판이 시작되고 약 2년이 되어갈 무렵, 황룡사가 몽골 군대에 의해 불탔다는 소식이 전해졌습니다. 절 전체가 불에 탔기 때문에 목탑이었던 황룡사 9층목탑도 함께 소실되고 말았지요. 신라에서 만들어진 황룡사 9층목탑은 고려 시대에 와서 다시 재건되는 등 시대를 뛰어넘어 우리나라의 호국 불교를 대표하는 상징물이었습니다. 몽골은 외적을 막겠다고 세운 이 목탑을 그냥 두지 않고 불태워 버린 것입니다.

이 소식이 강화도로 전해졌을 것입니다. 이제 고려 사람들은 불타버린 황룡사 9층목탑을 대신하여 고려를 지켜줄 수 있는 것은 팔만대장경뿐이라는 믿음을 더욱 강하게 가지게 되었을지도 모릅니다.

그렇게 약 16년 동안의 세월과 수많은 사람들의 노력으로 팔만대장경이 완성되었습니다. 이 대장경의 제작 과정과 규모를 알면 정말 경이롭다고 하지 않을 수 없습니다.

오늘날 남아있는 경판은 총 81,258판입니다. 한 개의 경판은 가로 약 70cm, 세로 약 24cm, 두께는 평균 4cm이며 무게는 3~4kg이 됩니다. 이렇게 큰 경판이 무려 8만 개가 넘는 것입니다. 숫자로만 이야기하면 실감이 잘 나지 않기 때문에 팔만대장경에는 흔히 이러한 비유를 들곤 합니다.

먼저 경판을 한 장씩 모두 쌓는다고 가정하겠습니다. 그렇게 했을 때 높이가 자그마치 약 3,200m에 이릅니다. 백두산의 해발 높이가 2,744m입니다. 우리나라에서 가장 높은 백두산보다 500m 정도 더 높이 쌓을 수 있는 것입니다. 입이 딱 벌어지는 규모이지요. 무게도 대단합니다. 경판의 총 무게는 1톤 트럭 280대에 이르는 무게입니다.

다음은 글자 수입니다. 8만 개가 넘는 경판에 새겨진 글자 수는 5천 2백만 자가 넘는다고 합니다. 수가 너무 크니까 이것도 실감이 나지 않을 텐데, 이 글자 수는 약 500년 동안 기록되어 온 조선왕조실록에 조금 못 미친다고 합니다. 그런데 더 놀라운 사실이 있습니다. 경판에 글자를 새기는 전문가들이 글자를 새길 때 한 글자 한 글자마다 절을 했다고 합니다. 목판은 글자 하나만 틀려도 경판 자체를 다시 제작해야 하기 때문에 고도의 집중력과 긴장감을 갖고 임해야 합니다. 그래서 불심으로 이를 이겨내기 위해 한 글자를 새길 때마다 절을 한 것이지요. 그렇다면 글자를 새긴 사람들이 얼마나 많은 절을 했어야 할까요.

이렇게 새겨진 글자는 매우 정교하면서도 우아합니다. 5천 2백만 자가 넘는 글자의 모양이 마치 한 사람이 새긴 것 같은 느낌이라는 평가를 받기도 하지요. 그래서인지, 추사체로 유명한 조선 후기의 문장가 김정희는 팔만대장경에 새겨진 글자를 보고 이렇게 말했다고 합니다.

"이것은 사람이 쓴 것이 아니다. 마치 신선이 이 땅으로 와서 쓴 것 같도다."

경판의 재료가 되는 나무와 관련된 내용도 놀랍습니다. 우선 가장 빼어난 나무를 베어옵니다. 그리고 이 나무를 1~2년 보관하지요. 그래야만 나중에 나무를 사용할 때 갈라지거나 휘는 일이 최소화된다고 합니다. 다음으로 보관된 나무를 경판 크기로 자른 뒤에 소금물에 삶습니다. 이렇게 하면 나무의 진액이 빠지고 소금기가 표면에 흡착되는데, 습도가 낮을 때 나무가 갈라지는 것을 막는 효과가 있다고 합니다. 여기에서 끝나는 게 아닙니다. 이것을 그늘에 두고 1년, 길게는 2~3년간 바람에 건조시킵니다. 그러면 이제 경판에 글자를 새기기 위한 기본 준비가 되는 것입니다. 이처럼 글자를 새기기 위한 경판 재목을 만드는 데만 몇 년이 걸리는데, 전부 8만 개가 넘게 만들었다니 경이롭다고 하지 않을 수 없습니다. 더불어 고려의 목판 인쇄술이 굉장히 과학적이었다는 사실도 알 수 있습니다.

이처럼 위대하고 경이로운 팔만대장경 제작에 얼마나 많은 인력과 비용이 들어갔는지는 상상조차 어려울 것 같습니다. 외세의 침략을 막고자 하는 우리 민족의 염원이 팔만대장경 안에 고스란히 녹아들었다고 봐야 하겠지요.

팔만대장경은 종교학적으로도 큰 의미를 갖습니다. 왜냐하면 동아시아 불교에 많은 영향을 끼쳤기 때문입니다. 팔만대장경은 당시에 동아시아 지역에 있던 모든 불교 경전의 내용을 집대성하였습니다. 그래서 '대장경의 총집합'이라는 평가를 받고 있습니다. 아니, 팔만대장경은 동아시아의 여러 나라들이 대장경을 연구하거나 제작할 때 거의 필수 자료가 되기도 하였지요. 가히 대장경의 원본 역할을 했다고 해도 과언이 아닐 정도였습니다.

이처럼 팔만대장경은 제작 과정과 학술적 내용 등 모든 면에서 큰 가치를 지닌 위대한 문화유산으로 평가받고 있습니다. 세계적으로도 이를 인정받아 2007년에 '해인사 고려대장경판과 제경판'의 이름으로 세계기록유산에 등재되기도 하였습니다.

팔만대장경이 8백년간 온전할 수 있었던 이유
• • •

이사를 가기 위해 창고를 정리했습니다. 습한 창고에는 오래된 책들과 여러 물품들이 가득했는데, 색이 바래지고 심지어 곰팡이가 핀 것들도 꽤 있었습니다. 그중에는 해마다 빼곡하게 작성해온 다이어리도 있었습니다. 지금은 스마트폰 같은 모바일 기기에 밀려 잘 사용하지 않는 다이어리입니다. 하지만 예전에는 A4 용지보다 조금 작은 크기의 다이어리가 학생부터 직장인, 주부에 이르기까지 개인 기록의 필수품이었지요. 저 역시 다이어리에 매일의 스케줄과 그날의 각종 기록들을 수시로 정리해두었습니다. 그런데 그 다이어리가 습기와 곰팡이로 크게 훼손되었던 것입니다. 마음이 조금 그랬습니다. 조금 과장하자면 제가 살아온 삶의 일부가 어디로 사라진 것 같은 먹먹함도 있었지요. 세월의 흐름을 막을 수는 없지만, 그래도 보관을 좀 더 잘했으면 하는 아쉬움이 느껴졌습니다.

그러고 보면 13세기에 제작되어 거의 8백년이 지난 지금에도 나무로 만든 팔만대장경이 아주 잘 보관되고 있다는 사실은 놀랍습니다. 그렇게 방대한 양의 팔만대장경을 말이지요. 그렇다면 팔만대장경은 어떻게 관리했길래 지금까지 거의 온전한 상태로 보전된 것일까요?

팔만대장경은 원래 강화도성 서문 밖의 대장경판당에 보관되어 있다가 강화도에 있는 선원사에서 보관을 담당했던 것으로 보입니다. 선원사는 무신 정권의 최고 권력자였던 최우가 강화도에 세운 절입니다. 이곳에서 팔만대장경의 판각이 이루어지곤 하였지요. 오늘날에 이 절은 없고 터만 남아있습니다.

조선왕조실록에는 강화도 선원사에서 팔만대장경을 옮겼다고 기록되어 있습니다. 그렇다면 그전까지 선원사에 있었다는 것인데, 선원사에서 대장경을 어떠한 방식으로 보관했는지에 대해서는 자세히 알 수 없습니다. 그저 현재의 팔만대장경 보존 상태로 보았을 때 당시의 선원사에서도 보관이 아주 잘되었던 것으로 보입니다.

그 뒤로 조선 시대에 들어와 경남 합천 해인사에서 팔만대장경을 보관하게 되었고, 그것이 오늘날까지 이어져 왔습니다. 해인사는 장경판전에서 팔만대장경을 보관하고 있는데, 이곳은 세계적으로 인정받는 경이로운 건물로 평가받고 있습니다.

합천 해인사의 장경판전 내부 모습과 통풍을 위한 살창(아래쪽). ⓒ 문화재청

해인사장경판전이 정확히 언제 지어졌는지 알 수는 없습니다. 다만 조선 초기의 건축 양식으로서 세종 때 크게 다시 짓고, 성종 때 다시 지었다는 기록이 남아있습니다. 광해군과 인조 때도 일부 수리를 했다고 합니다. 장경판전은 중심 건물로서 남쪽에 수다라장, 북쪽에 법보전이 있습니다. 그리고 동쪽과 서쪽에는 작은 서고가 있습니다. 이렇게 해서 전체적으로 건물이 긴 네모 모양을 하고 있습니다.

나무가 썩는 가장 주된 원인은 습기일 것입니다. 목판으로 된 팔만대장경 역시 관리의 핵심은 습기를 제거하는 것이었지요. 그런데 오늘날처럼 제습기가 있는 것도 아니고 해인사장경판전은 어떻게 습기로부터 팔만대장경을 보호할 수 있었을까요?

습기를 없애는 데 가장 중요한 것은 통풍입니다. 이를 위해 창의 크기를 남쪽과 북쪽이 서로 다르게 하였습니다. 그리고 각 칸마다 창을 내었지요. 이렇게 해서 자연스럽게 대류 현상이 일어나 통풍이 잘되도록 하였습니다. 또 선반 같은 꽂이를 만들어 경판을 책처럼 꽂았는데, 이러면 경판을 쌓아두는 것에 비해 바람이 잘 통한다고 합니다. 이 외에도 장경판전의 흙바닥에는 숯, 횟가루, 소금, 모래를 순서대로 넣었는데, 이 또한 습도 조절에 큰 도움이 된다고 합니다. 이처럼 우리 조상들은 자연을 이용한 과학적인 방식으로 팔만대장경을 보존해온 것입니다.

그런데 팔만대장경을 잘 보관하는 것 이상으로 외적인 요인으로부터 잘 지키는 것도 굉장히 중요합니다. 황룡사 9층목탑도 몽골의 침입으로 결국 소실되고 말았으니까요.

팔만대장경도 지금까지 여러 차례의 위기가 있었습니다. 임진왜란 때의 일입니다. 조선을 침략한 일본군은 닥치는 대로 불을 지르고 약탈을 일삼았습니다. 이때 경복궁도 완전히 불에 타 없어지기까지 했지요. 해인사도 그들의 표적이 되었습니다. 하지만 다행히도 해인사는 임진왜란 때 소실되지 않았습니다. 해인사와 그 일대를 지키고자 정인홍 등이 이끄는 의병과 해인사 승병들이 목숨을 걸고 싸웠기 때문입니다. 결국 왜군이 철수하면서 해인사와 팔만대장경은 무사할 수 있었습니다.

해인사는 오랜 세월을 거치며 수차례 화재가 나기도 했습니다. 그냥 작은 불이 아니라 큰 화재만 해도 일곱 차례입니다. 그 과정에서 많은 건물들이 불에 탔습니다. 그런데 참으로 신기하게도 해인사장경판전만은 화마의 공격을 피할 수 있었습니다. 오늘날 해인사의 건물 대부분은 19세기 이후에 지어진 것들입니다. 하지만 해인사장경판전만은 그 이전의 건물 상태를 지금까지 유지하고 있습니다.

한때는 해인사장경판전이 아예 흔적도 없이 사라질 결정적인 위기도 있었습니다. 무척이나 드라마틱한 일이 아닐 수 없는데, 그때 상황은 이렇습니다.

6·25 전쟁 때인 1951년 12월이었습니다. 지리산 일대를 중심으로 빨치산 토벌작전이 한창 벌어지고 있었습니다. 당시 한국 공군 전투비행대 소속의 김영환 대령은 무장공비 토벌작전의 항공 지원을 담당하고 있었습니다. 그러던 어느 날 항공 지원명령이 내려왔습니다. 김영환 대령이 탑승한 전투기를 포함해 4대의 전투기가 출격하였지요.

그전에 지상의 동향을 파악하고 있던 미 공군은 정찰기를 보내 김영환 대령이 이끄는 전투기의 공격 목표를 잡아주었습니다. 그런데 이게 무슨 일인가요? 정찰기의 목표 확인용 연막탄이 해인사 마당에 떨어진 것입니다. 곧바로 흰 연기가 자욱하게 피어올랐습니다. 공비가 해인사

김영환 대령의 모습. 그는 1954년 비행기 사고로 34세
젊은 나이에 순국했다.

일대에 몰려있으니 폭격을 가
하라는 의미였습니다.

전투기 편대장이었던 김영환
대령은 화들짝 놀랐습니다. 그
는 즉시 나머지 전투기에 명령
을 내렸습니다.

"절대 내 명령 없이는 폭탄을
투하하지 마라! 기관총으로만
해인사 주변 능선에 사격하라."

그러자 미 정찰기에서 이해할 수 없다는 듯 다시 폭격을 가하라는 명
령이 떨어졌습니다. 빨리 해인사에 폭탄을 투하하라는 것이었습니다.
하지만 김영환 대령은 다시 한 번 각 전투기에 명령을 내려 폭탄 투하를
막았습니다. 그리고 해인사 너머의 뒷산 능선에 있는 적군을 찾아내 폭
탄을 투하하고 기관총을 발사하였습니다. 그렇게 그날 작전은 끝이 났
습니다.

그날 밤에 미 공군의 소령이 김영환 대령을 찾아왔습니다. 그는 목표
물을 알리는 연막탄 연기를 못 봤는지, 보았다면 왜 지시대로 폭탄을 투
하하지 않았는지 추궁하였습니다. 김영환 대령은 연기를 똑똑히 보았으
나 그 명령에 따를 수 없었다고 말합니다.

"연막탄이 떨어진 곳은 해인사였소. 세계 어느 곳에도 없는 소중한 문
화유산인 팔만대장경이 있는 곳이란 말이오. 제2차세계대전 때 미 공군
도 소중한 문화유산이 많은 교토를 폭격 대상에서 제외했던 걸로 알고
있소. 나 또한 마찬가지였소. 무장공비를 소탕하기 위해 해인사와 팔만

대장경을 파괴할 수는 없었소."

극적인 순간이 아닐 수 없었습니다. 너무도 긴박했던 상황, 김영환 대령의 결단력 있는 판단이 해인사와 팔만대장경을 지킬 수 있었던 것입니다. 물론 전투 상황에서 김영환 대령이 명령을 어긴 행위에 대해 비판하는 사람이 있을 수도 있겠지요. 하지만 김영환 대령의 그날 행적은 오늘날의 귀감이 되고 있습니다. 해인사에 가면 올라가는 길목에 '팔만대장경 수호 공적비'라고 새겨진 큰 비석이 있습니다. 소중한 문화유산을 지켜낸 김영환 대령의 업적을 기리기 위해 세운 것이지요.

이처럼 팔만대장경과 해인사장경판전은 수없이 위기를 겪었지만 자랑스럽게 잘 보전되고 있습니다. 물론 오늘날 우리의 노력도 더해지고 있습니다. 현대적 과학 기법으로 상시 모니터링을 하는 등 문화재보호법에 의해 철저하게 관리되고 있는 것입니다. 화재 등 각종 사고를 대비한 만반의 대책도 마련되어 있습니다.

고려가 만든 위대한 문화유산 팔만대장경, 또 그것을 자연과 조화시킨 건축 기술로 장경판전을 통해 보관한 조선, 그리고 그 가치를 되새기며 소중히 여기고 잘 보전하려는 오늘날의 우리들. 역시 문화유산은 어느 한 시대의 전유물이 아니라는 사실을, 오랜 세월 그것을 지켜온 우리 모두의 위대한 산물이라는 것을 다시 한 번 생각하게 합니다. ♣

호국불교 사상은 어떻게 등장하였을까?

팔만대장경은 호국 불교의 대표적인 사례이다. 호국 불교는 불교, 다시 말해 부처가 나라를 지켜줄 것이라는 믿음에 기초한다. 사실 인도에서 불교가 처음 만들어질 당시에는 해탈만이 강조되었다. 그런데 불교가 중국으로 전파되면서, 중국 남북조의 여러 나라들이 군주권을 강화하고 사회를 안정시키는 수단으로 불교를 수용하기 시작하였다. 군주를 부처와 동일시하는 '왕즉불王卽佛 사상'이 강조된 것이다. 이러한 호국 불교는 중국에서 불교를 받아들인 한국에도 영향을 끼치는 등 동아시아 불교 전반으로 확대되었다.

호국 불교 외에도 애당초 인도에는 없었지만 이후 동아시아 불교에 등장하는 특별한 경전이 있다. 바로 《부모은중경》이다. 이 경전의 한 대목을 소개하자면 이렇다.

"저희들은 이제 어떻게 해야 부모의 깊은 은혜를 갚을 수 있겠습니까?"
부처님께서 제자들에게 말씀하였다.
"부모의 은혜에 보답코자 할진대 부모의 은혜를 위하여 경전을 거듭 널리 펴라. 이것이 참으로 부모의 은혜를 갚는 일이니라. 경전 한 권을 세상에 펴면 한 부처님을 뵈올 수 있으며, 열 권을 펴면 열 부처님을 뵈올 수 있다.

중국 최대의 석굴 사원인 윈강 석굴에 있는 거대한 불상. 약 14m 높이의 이 불상은 중국 남북조시대 북위의 황제를 부처와 동일시하며 제작된 것으로 알려져 있다.

《부모은중경》은 중국에서 만들어진 경전으로, 부모에 대한 효도를 중심으로 서술되어 있다. 인도의 불교 경전에는 이러한 내용이 없으며, 중국에서 새롭게 추가되었다. 충과 효를 강조하는 동아시아의 유교 사상과 인도의 불교가 접목되어 등장한 불경인 것이다. 이처럼 불교는 인도에서 창시되었지만, 널리 전파되는 과정에서 그 국가와 사회에 맞게 토착화되어 갔다.

한글이 위대한 또 하나의 이유

훈민정음을 한글이라고 합니다. 훈민정음訓民正音이 옛날에는 언문諺文으로 불렸다고도 하는데, 언문은 그냥 글자를 뜻하는 일반 명칭으로 보는 게 좋을 것 같습니다. 〈세종실록〉에 보면 "왕이 친히 언문 28자를 지었는데 …… 이를 훈민정음이라고 일렀다."라는 내용이 나옵니다. 이 표현을 보더라도 훈민정음이 곧 언문이 아니라, 글자(언문)를 만들었는데 이처럼 새롭게 만든 글자의 명칭이 훈민정음이라는 것이지요.

그런데 훈민정음이라는 말 자체는 세종 이후에 잘 사용되지 않았습니다. 약칭으로서 정음이 사용되기는 하였지요. 그러다가 훈민정음을 뜻하는 우리 고유의 말이 등장합니다. 바로 한글이지요. 한글은 근대 한글 학자인 주시경이 붙인 이름으로 알려져 있는데, 지금은 훈민정음보다 한글이라는 이름이 더 일반적으로 쓰입니다.

그러한 한글에 대해 우리는 얼마나 알고 있을까요? 잘 알고 있는 것 같으면서도 막상 한글에 대해 아는 것을 이야기해보라고 하면 세종이 창제했다는 것 외에 금방 떠오르는 게 많지 않을 것 같습니다. 여기에서는 한글이 만들어지는 과정에서 세종이 겪어야 했던 인간적인 고뇌와 이후 한글이 걸어온 발자취, 그리고 세계적으로 인정받는 우리의 한글에 대해 들려드리고자 합니다.

최만리의 반대와 세종의 인간적인 고뇌

• • •

세종이 한글을 창제하기까지 오랜 연구 과정이 있었을 것입니다. 새로운 문자를 만드는 게 결코 만만한 과업은 아니니까요. 오늘날 세계의 유수한 학자들이 언어학적으로 한글을 매우 우수한 문자로 평가하고 있습니다. 그만큼 세종은 한글을 만들기 위해 학문적으로 많은 노력과 연구에 몰두하였습니다.

그런데 한글 창제의 어려움은 학문적인 연구의 어려움 때문만은 아니었습니다. 한글을 세상에 내놓고 이를 보급시키는 과정 뒤에는 세종의 인간적인 고뇌와 갈등이 숨어있습니다. 그로 인해 어쩌면 한글은 세상에 빛을 보지 못했을 수도 있었습니다. 특히 최만리 같은 집현전 학자들과의 관계에서 말이지요.

최만리가 한글에 대한 반대 상소를 올렸다는 이야기는 널리 알려져 있지요. 그에 비해 세종과 최만리의 관계에 대해서는 상대적으로 잘 드

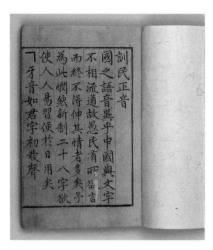

훈민정음의 한문 해설서인 《훈민정음 해례본》
의 서문. ⓒ 문화재청

러나지 않은 게 사실입니다. 세종은 최만리와의 관계에서 어떠한 고뇌
가 있었을까요? 그리고 그것은 한글이 세상에 나오고 보급되는 데 어떠
한 영향을 끼쳤을까요?

세종의 업적을 이야기할 때 빼놓을 수 없는 기관이 있습니다. 바로 집
현전입니다. 집현전은 궁중에 설치한 학문 연구기관이지요. 세종은 재
위 초기에 집현전을 설치하였습니다. 집현전은 학문 연구기관인 동시에
인재양성 기관이라고도 할 수 있습니다. 젊고 유능한 학자들이 집현전
에 와서 학문에 전념할 수 있도록 국가는 각종 지원을 아끼지 않았습니
다. 그렇기 때문에 집현전은 인재들로 가득 찼고, 훗날 그 인재들이 나라
를 위해 여러 일들을 할 수 있었지요. 세종 재위 때 민족문화가 크게 발
전한 것도 집현전이 그 원동력이 되었다고 할 수 있습니다. 그러한 집현
전을 세종은 아끼지 않을 수 없었을 것입니다.

바로 그 집현전에서 부제학까지 오르며 활약한 인물이 최만리입니다.

부제학은 집현전에서 가장 높은 벼슬은 아니지만, 실질적으로 집현전에서 가장 영향력 있는 사람 중 한 명이라고 할 수 있습니다.

최만리는 문과에 급제하고 이듬해에 집현전의 정7품 박사로 임명되었습니다. 집현전에서 학문을 연구하면서 세자(훗날 문종)를 가르치는 역할도 했지요. 앞으로 임금이 될 세자에게 나라를 잘 다스리기 위해 필요한 여러 지식과 사례, 그리고 세상 돌아가는 이야기들을 들려주었습니다. 그렇게 최만리는 수년 동안 세자를 가르쳤습니다. 때로는 아예 집현전에서 나와 세자를 가르치는 일을 전담하는 역할을 맡기도 했습니다.

최만리는 세상 돌아가는 모습을 직접 눈으로 확인하기 위해 지방장관인 강원도 관찰사로서 근무한 적도 있습니다. 그러다가 일년 만에 다시 집현전 부제학으로 복귀하였지요.

이렇듯 최만리가 이십여 년 동안 관직에 있으면서 세자를 가르치고 지방장관을 맡기도 하였지만, 가장 오래 머무른 곳은 집현전이었지요. 한마디로 최만리는 집현전의 터줏대감이라 할 수 있습니다.

이를 통해 세종과 최만리의 관계를 한번 살펴보겠습니다. 세종은 자신이 가장 아끼는 기관인 집현전에 최만리를 거의 줄곧 있게 하였습니다. 또한 사랑하는 세자를 가르치는 책무를 오랫동안 맡겼지요. 이것만 보더라도 세종이 최만리를 얼마나 신뢰하고 있었는지 알 수 있습니다. 그런데 한글 문제로 세종은 최만리와 갈등을 겪게 됩니다. 다시 말해 최만리는 원래부터 국왕과 정치적으로 갈등 관계에 있었던 게 아니라, 오히려 그 누구보다 세종과 가까운 사람이었다는 것이지요.

그렇게 보았을 때 최만리를 중심으로 집현전 학자들의 한글 반대 상소가 올라오고, 이후 이들과의 논쟁 과정에서 세종은 매우 난처했을 것으로 보입니다. 그렇다면 세종의 마음을 누구보다 잘 알고 있을 최만리는 왜 한글 창제와 보급에 대해 세종과 대립했을까요? 그것은 신념 때문이었습니다.

최만리의 주장은 이렇습니다. 조선은 건국한 이래로 중국에 사대事大하여 중국 제도를 따르는 나라인데 어찌하여 한자를 두고 따로 한글을 사용할 수 있느냐는 것입니다. 특히 한글을 사용하게 되면 선비들이 한자 공부를 게을리하게 되고, 마침내는 유교 학문을 깊이 연구하는 이들이 크게 줄어들 거라고 보았습니다. 이 때문에 유교 문명국인 조선이 오랑캐와 다를 바 없게 된다는 것이지요.

반면에 세종은 한글 사용이 사대에 어긋나는 게 아니라, 중국의 것을 쓰더라도 우리 실정에 맞지 않아 불편하기 때문에 한글로써 그 불편함을 해소할 수 있다고 말합니다. 또한 충과 효 같은 유교적 덕목에 무지한 백성에게 쉬운 글로써 책을 만들어 알려주면 조선이 유교 사회로 나아가는 데 오히려 큰 도움이 될 것이라고 보았습니다. 무엇보다 세종의 입장에서는 우리말에 맞는 우리글의 필요성이 너무도 당연했을 테지요.

오늘날 한글을 지지하는 입장에서 보면 최만리의 주장은 황당하기 이를 데 없습니다. 중국에 사대하는 조선이기 때문에 한글을 반대한다니 말입니다. 하지만 이러한 시각은 철저히 오늘날의 관점일 뿐입니다. 시대에 맞는 시대적 가치가 있습니다. 물론 최만리의 생각이 그 시대의 가치를 대변한다고 할 수는 없습니다. 하지만 당시 조선이 중국에 사대하고 있는 현실, 또한 유교(성리학)를 통치 이념으로 삼는 조선의 현실에서 최만리는 어쩌면 수많은 선비들을 대신해 세종에게 꼭 해야 할 이야기를 했다고 할 수 있습니다.

조선 시대 집현전으로 쓰이던 경복궁 수정전의 모습. 현재의 건물은 흥선대원군 때 중건되었으며 근정전 서편에 있다. ⓒ 문화재청

　결과적으로 한글 창제와 보급은 우리 민족의 역사에서 가장 훌륭한 업적 중 하나로 평가받고 있습니다. 하지만 한글이 창제되고 보급되는 과정에서 중국과의 큰 마찰이나 선비들의 집단적인 항명 등이 이어졌다면 조선은 위기에 봉착했을지도 모릅니다. 다시 말해 그 당시 상황으로 볼 때 최만리를 그저 민족적 자존심도 없는 사대주의자라고 몰아갈 수는 없다는 것입니다. 특히 최만리는 한글이 부득이하게 만들어지고 보급되더라도, 이것은 풍속을 바꾸는 중대한 일이기 때문에 재상부터 백성에 이르기까지 깊이 있게 논의해야 한다고 주장하는 등 완전히 꽉 막힌 사람도 아니었습니다.

　한편 이 상황에서 최만리도 고심이 컸을 것입니다. 자신을 아껴주고 믿어주는 세종과 갈등을 겪어야 한다는 것 자체가 무척 가슴 아팠을 테지요. 하지만 최만리는 국가와 세종을 위한 진정한 길이라는 자신의 신념에 따라 세종에게 상소를 올리고, 또한 한글 보급의 중단을 거듭 요청하였던 것입니다.

세종도 마찬가지였을 것입니다. 임금이 한글을 창제하고 보급시키려는데 다른 누구도 아닌 최만리를 비롯한 집현전 학자들이 반대를 하고 나서니 어찌 곤혹스럽지 않을까요. 아무리 확신을 가지고 한 일이지만 자신이 아끼는 이들이 극심하게 반대하니 세종은 아마 겉으로는 내색하지 않아도 속으로는 흔들리는 마음이 있었을지도 모릅니다.

부부, 친구 사이에도 의견이 맞설 수 있지요. 그런데 그 의견 대립이 큰 싸움으로 번지는 경우가 있습니다. 갈등의 본질적인 문제를 벗어난 감정 섞인 말들이 나오면 더더욱 화가 나곤 하지요. 비슷했습니다. 세종은 마음이 많이 상했습니다. 최만리를 비롯해 신하들이 자신의 주장을 펼치는 과정에서 너무 심하다 싶을 정도로 의견을 피력한 것입니다.

"언문(훈민정음)을 만들어 중국을 버리고 스스로 오랑캐와 같아지려는 것과 같습니다. 이것은 곧 향기로운 명약을 버리고 쇠똥 덩어리를 취하는 것과 다를 바 없습니다."

마치 세종을 오랑캐로 몰고, 한글을 쇠똥 덩어리에 비유한 것입니다. 세종은 이 말을 듣고서도 참으려고 했습니다. 하지만 결국 토론 과정에서 폭발하고 말았지요. 세종은 최만리를 비롯하여 상소를 올린 자들의 주장이 도를 넘었다고 판단했습니다. 그래서 최만리와 여러 사람들을 왕의 직속 사법기구라 할 수 있는 의금부에 가두도록 하였습니다. 의금부는 그야말로 무시무시한 곳이었습니다. 의금부는 모진 심문으로 유명했기 때문이지요.

그렇다면 이들은 어떻게 되었을까요? 세종은 다음날 이들을 풀어주었습니다. 자식을 크게 혼내고 더 아파하는 부모의 마음이 아니었을까요? 풀어주었을 뿐만 아니라, 벌을 내린 자들도 다시 그 벌을 거두거나 줄였습니다. 예컨대 말을 함부로 했다는 죄로 파직된 정창손은 복직되었습니다. 그리고 처음에는 한글 창제에 찬성했다가 나중에 반대로 돌아선 김문에게는 곤장과 노역 등의 벌을 내렸는데, 벌금을 내는 것으로 대신하도록 하였습니다.

최만리도 복직되었습니다. 하지만 최만리는 사직을 하였습니다. 아마 계속 세종 가까이에 있는 한 세종과의 갈등이 더 심해질 것을 우려했는지도 모릅니다.

사직하고 집으로 돌아간 이듬해에 최만리는 세상을 떠나고 말았습니다. 그가 어떠한 이유로 죽게 되었는지 정확히 알려진 바는 없습니다. 세종은 그의 죽음에 매우 슬퍼했다고 합니다. 어떤 사람들은 최만리가 사직한 뒤 집현전 부제학 자리를 계속 비워둔 것도 그가 다시 돌아올 것을 바란 세종의 뜻이라 할 수 있고, 그만큼 최만리를 많이 그리워했다고 말하기도 합니다.

최만리를 세종이 미워한 신하라고 말하기는 어려울 것 같습니다. 세종이 그토록 아꼈던 최만리의 주장을 받아들였다면 한글은 세상에 나오지 못했을 수도 있겠지요. 우리는 여전히 한자를 외우느라 큰 고생을 하고 있을 테고요. 세종이 인간적인 고뇌를 이겨내고 만든 한글, 우리가 한글을 소중하고 위대하게 여겨야 할 또 하나의 이유는 아닐까요?

세계가 인정하는 우리의 한글

• • •

한글이 창제된 후에 바로 널리 보급된 것은 아니었습니다. 국가의 공식 문서 등은 여전히 한자를 사용했고, 문과에 급제하기 위해서는 한자로 된 유학 공부의 달인이 되어야 했지요.

그렇다고 해서 한글이 꼭꼭 숨어있었던 것은 아닙니다. 한글로 된 서적들이 하나둘씩 나왔고, 일상생활에서는 편지나 일기 따위에 한글을 쓰기 시작했지요. 조선 후기에는 한글 보급이 더욱 확대되었습니다. 흔히 조선 후기에 서민 문화가 발달했다고 하는데, 한글 보급이 큰 영향을 끼쳤습니다. 한글 소설이 유행하고, 민간에서 서로 소통하는 데 한글을 많이 사용하게 되었지요. 양반들도 예외는 아니었습니다. 양반 가문에서 부인이나 자녀에게 쓴 한글 편지가 오늘날 종종 발견되곤 합니다. 심지어 왕이 한글로 된 전교를 내리는 경우도 있었지요.

개항 이후에는 정부가 개화정책을 펴는 과정에서 국가 공문서에 한글 사용을 본격적으로 추진하기 시작하였습니다. 주시경 같은 학자들은 한글을 연구하고, 문맹자들이 한글을 깨치는 데 많은 노력을 기울였지요. 하지만 민족의 위기는 곧 나라의 말과 글의 위기로 이어졌습니다.

국권 피탈을 당하면서 우리나라는 일제강점기에 놓입니다. 일제는 우리 민족을 말살하려는 정책을 단계적으로 펴나갔습니다. 그러면서 한글도 위기를 맞게 되는데, 이에 우리는 조선어연구회, 조선어학회를 만드는 등 한글을 지키려는 노력을 멈추지 않았습니다. 하지만 일제는 이를 탄압했습니다. 1937년에 중·일 전쟁이 일어난 뒤로는 사실상 학교에서 한글을 가르치지 못하도록 하였지요. 또 1942년에는 조선어학회 회원들이 치안유지법을 위반하였다며 이들을 대거 투옥시키기도 하였습니다.

민족의 수난 시대에 한글은 위기에 놓였지만, 1945년에 광복을 이루면서 한글도 다시 빛을 보게 되었습니다. 사실 제국주의 국가의 식민지에 놓였던 많은 나라와 민족들이 식민통치에서 벗어난 후에도 여전히 식민통치를 하던 나라의 언어를 공용어로 하는 경우가 곧잘 있습니다. 자신들의 언어를 아예 사용하지 않는 것은 아니지만, 제1 공용어로 쓰지는 못하는 것이지요. 그런데 우리나라는 광복 이후 우리의 말과 글을 그대로 사용하고 있습니다. 그만큼 일제강점기 하에서 말과 글을 지키려는 우리 민족의 노력은 간절했습니다.

광복 이후 우리나라의 문맹률은 크게 낮아졌습니다. 일제강점기 하의 한글 교육은 한계가 있었지만, 광복 이후 교육이 확대되면서 바로 효과가 나타난 것이지요. 여기에서도 한글의 우수성이 드러납니다. 한글은 세계의 수많은 문자 중에서도 배우기 쉬운 문자라는 평가를 받습니다. 자음과 모음을 조합해 소리 나는 대로 적기 때문에 다른 문자에 비해 익히기 쉽지요. 그래서 우리나라의 문맹률은 세계적으로도 매우 낮은 수준에 속합니다. 이렇듯 한글은 문맹률을 낮추는 데 큰 공헌을 하였고, 이에 유엔 산하기구인 유네스코에서는 한글의 우수성을 인정하여 1989년부터 세종대왕상King Sejong Literacy Prize을 마련해 수여하고 있습니다. 세종대왕상은 문맹 퇴치에 공로를 세운 개인, 단체에 주는 상입니다. 세계적으로 명성 높은 상의 명칭을 세종대왕의 이름에서 따온 것이 자랑스럽지 않을 수 없습니다.

한글은 세계에서 우리나라의 위상이 높아질수록 덩달아 그 가치를 인정받고 있습니다. 특히 요즘에는 한글이 세계 여러 나라에서 유행하는 한류의 영향을 많이 받고 있다고도 합니다. 한국의 드라마와 K팝을 즐겨 보고 듣는 외국인들이 우리말과 우리글을 배우고 싶어 하기 때문이지요. 우리가 팝송을 들을 때 가사의 의미를 이해하면서 듣고, 따라 부르려는 것과 마찬가지일 것입니다.

물론 한류 같은 문화적 요소만이 한국의 위상을 높인 것은 아닙니다. 한국의 경제적 발전, 스포츠 외교 등도 위상을 높이는 중요한 요소였지요. 여하튼 한국의 위상이 높아지면서 각국에서 한글을 학문의 하나로서 배우려는 움직임이 늘어나고 있습니다. 중국, 일본 등 여러 나라에서 한국어 관련 학과가 연이어 개설되고 있습니다. 우리에게 조금은 낯선 몽골에서도 국립대를 비롯하여 여러 사립대에 한국어 관련 학과가 생겼지요. 미국에서는 1995년부터 한국어를 대학입학시험의 외국어 선택 과목으로 지정하기도 하였습니다.

토픽(TOPIK : Test of Proficiency in Korea)이라는 것도 있습니다. 영어의 도익과 비슷한데, 토픽은 한국어를 테스트하는 것으로 외국인이나 해외 동포 대상의 한국어능력시험이라고 할 수 있습니다. 물론 세계 공용어라고 일컬어지는 영어만큼은 아닙니다. 하지만 수십 개 국가에서 이 시험을 신청하는 외국인들이 해마다 늘어나고 있습니다. 예컨대 중국 국영 교육방송에서 이 시험을 준비하기 위한 방송과 사이버 강좌를 개설하였는데, 많은 중국인에게 큰 인기를 끌고 있다고 합니다. 일본의 국영 방송사인 NHK의 한글 강좌 역시 인기를 끌고 있고요.

외국인뿐 아니라 우리말을 잊지 않고 배우려는 한국인들도 있습니다. 바로 해외동포이지요. 1900년대 초에 하와이로 이주한 한인들이 있습니다. 그전에도 오늘날 러시아의 영토인 연해주 등으로 이주한 한인들이 있었지요. 이 무렵 세계 여러 곳으로 이주한 분들이 해외동포 1세대입니다. 이후에도 계속해서 해외동포가 늘어났지요. 그런데 외국에서 태어난 해외동포의 자손들은 자연스럽게 그쪽 언어를 사용하다 보니 일상생활에서 우리말을 쓰지 않을 때가 많습니다. 한국에 뿌리를 둔 그들이 점차 우리말과 우리글을 잊게 되는 것이지요. 그런 한편으로 모국어를

한류 바람을 타고 유럽, 아프리카에서까지 한글 교재 판매량이 급증하고 있다는 〈경향신문〉 기사.(2014년 10월 6일)

잊지 않으려는 동포들이 있습니다. 해외동포 가정 중에는 집에서 무조건 우리말을 사용하는 경우가 많습니다. 한글학교 같은 교육기관에 자녀들을 보내 우리말을 제대로 배우게 하는 부모들도 많지요.

이렇듯 세계에서 한글의 위상은 더더욱 높아가고 있습니다. 그 같은 위상은 학술적인 분야에서도 확인이 됩니다. 시카고 대학의 맬콜리 교수는 미국 언어학회지에 실은 서평에서 한글이 세계적으로 우수한 문자임을 인정한 바 있습니다. 또 독일 함부르크 대학의 사세 교수는 서양이 20세기에 와서야 완성한 음운학 이론을 세종은 무려 500여 년 전에 체계화했다며 한글을 높이 칭송하였지요. 이처럼 세계의 유명 학자들에 의해서도 한글은 그 우수성을 인정받고 있습니다.

한글과 관련된 이야기를 소개하다 보니 한글의 자랑거리가 무척 많은 것 같아 뿌듯합니다. 한편으로는 우리에게도 숙제가 있다는 사실을 잊지 말아야 할 것 같습니다. 시대가 변하면서 새로운 한글 단어가 생기고, 표준어가 바뀌는 것도 당연합니다. 하지만 인터넷 등에서 무분별하게 한글 어휘와 문법 체계를 깨뜨리는 일은 조심할 필요가 있습니다. 분명 우리말인데도 뜻이 통하지 않는 경우가 부쩍 늘어나고 있기 때문입니다. 정보화 격차 혹은 세대 격차가 우리말에도 영향을 주어 의사소통을 어렵게 하는 것은 참으로 안타까운 일이지요.

한글은 우리 민족의 위대한 유산입니다. 또 앞으로 영원히 우리와 함께할 문자이기도 하지요. 무한한 자긍심을 가지고 외국에서도 당당하게 사용해도 좋지 않을까요? ♣

문명 발생의 중요한 요소, 문자의 발명

오늘날 세계 70억 인구가 사용하는 언어는 수천 종이라고 한다. 하지만 우리나라의 한글처럼 직접 만든 문자를 사용하는 나라는 그리 많지 않다. 그렇다면 인류는 언제부터 문자를 사용했을까? 고대 문명 발생의 중요한 요소 중 하나는 문자의 발명이다. 그래서 세계의 주요 고대 문명에서는 제각기 문자가 발명되었다.

세계에서 가장 오래된 문명으로 알려진 메소포타미아문명에서는 쐐기문자가 발명되었다. 점토판에 찍은 쐐기문자는 여러 기호가 조합되어 만들어졌다. 바빌로니아왕국의 함무라비법전은 쐐기문자로 새겨진 성문법으로 유명하다.

이집트문명에서는 상형문자가 발명되었다. 당시에 이 문자는 파피루스에 기록되곤 하였다. 파피루스는 나일강에서 채취한 파피루스 갈대의 줄기를 가늘게 잘라 만든 것으로, 종이가 본격적으로 생산되기 이전에 종이 용도로 사용되었다.

중국 황허문명에서는 갑골문자가 발명되었다. 상나라에서 사용한 갑골문자는 거북(甲)의 배딱지나 동물의 뼈(骨) 등에 새겨졌다고 해서 갑골문자라고 부른다. 고대에는 나라의 중요한 일을 결정할 때 신의 뜻을 묻는 점을 쳤는데, 그 점의 내용과 결과가 갑골문자로 기록되어 있다.

쐐기문자는 메소포타미아문명을 일으킨 수메르인에 의해 발명된 것으로 여겨진다.(왼쪽) 상나라의 수도였던 은허에서 처음 발견된 갑골문자는 이후 중국 여러 곳에서 발견되었다.

또한 갑골문자는 한자의 기원으로 알려져 있다.

한편 고대 문명 발생 당시의 문자는 아니지만, 기원전 1500년 무렵에 지중해와 흑해 일대의 페니키아인들이 사용했던 표음문자는 그리스에 전해져 오늘날 알파벳의 기원이 되었다.

책과 능이 간직한
조선 500년의 역사

조선왕조는 약 500년 동안 이어졌습니다. 기준에 따라 다르겠지만 500년 동안 왕조를 유지한 것은 세계사에서 쉽게 찾아보기 힘든 사례입니다. 예를 들어 중국만 하더라도 진秦, 한漢, 수隋, 당唐, 송宋, 원元, 명明, 청淸 등 중국을 대표하는 왕조들은 모두 조선왕조에 비해 짧은 역사를 가지고 있지요. 왕조가 바뀌면서 국가가 긴 세월 동안 유지된 경우는 있겠지만, 단일 왕조로서 이렇게 긴 역사를 가진 나라는 흔치 않습니다.

이처럼 위대한 세월의 역사를 자랑하는 조선왕조의 진면목을 그대로 보여주는 세계적인 문화유산이 있습니다. 바로 조선왕조실록과 조선 왕릉입니다.

기록 문화의 최고봉, 조선왕조실록

• • •

실록實錄을 말 그대로 풀이하면 사실을 있는 그대로 적은 기록입니다. 따라서 조선왕조실록은 조선왕조에서 있었던 사실의 기록이라고 보면 됩니다. 여기에서는 그냥 짧게 실록이라고 하겠습니다.

조선왕조의 실록은 〈태조실록〉부터 〈철종실록〉에 이르기까지 472년 간(1392~1863년)의 기록이 담겨 있습니다. 1997년에 유네스코가 세계기록유산으로 지정한 것도 〈태조실록〉부터 〈철종실록〉까지입니다. 그런데 의아한 것은 왜 철종까지일까요? 그 뒤에 고종도 있고 순종도 있는데 말입니다.

〈고종실록〉과 〈순종실록〉 자체가 없는 것은 아닙니다. 문제는 사실에 대한 기록의 왜곡 여부입니다. 뒤에서 자세히 언급하겠지만 실록이 갖는 중요한 가치 중 하나는 엄격한 편찬규례입니다. 그런데 〈고종실록〉과 〈순종실록〉은 일제강점기였던 1927~1932년에 조선총독부에서 편찬했습니다. 그 과정에서 기존 실록이 가지고 있던 엄격한 편찬규례를 따르지 않았을 가능성이 큽니다. 또한 근대화 과정의 여러 사실과 조선왕실(혹은 대한제국 황실)의 동정이 왜곡되었을 수도 있지요. 따라서 우리가 세계기록유산으로 그 가치를 인정받는 것은 〈철종실록〉까지라고 이해하면 됩니다.

그렇다면 실록은 어떤 면에서 세계기록유산으로서 가치가 있을까요? 가장 먼저 주목할 부분은 실록이 장구한 세월에 걸쳐 편찬된 한 왕조의 역사 기록이라는 것입니다. 이웃 나라인 중국도 실록을 편찬하였습니다. 하지만 명나라 이전의 실록들은 일부를 제외하고는 대부분 전하지 않고 있습니다. 이후 명실록 2,909권, 청실록 3,000여 권이 오늘날까지 전해지고 있습니다. 물론 이들 실록도 세계적이고도 훌륭한 역사 기록으로 인정받고 있습니다. 하지만 이것들은 분량과 기간 등의 면에서 우리 조선왕조실록에 비할 바가 못됩니다. 예를 들어 명실록의 경우 권수는 많지만 실제 분량은 우리 실록의 4분의 1 수준입니다. 우리 실록이 약 6,400만 자인데, 명실록은 약 1,600만 자이니까요. 그리고 청실록은 296년간에 걸친 기록이지만, 우리 실록은 472년간의 기록입니다. 이처럼 우리 실록은 다른 그 어느 나

1392년 7월 17일의 조선왕조실록 기록 일부. 태조(이성계)가 백관의 추대를 받아 수창궁에서 왕위에 오른다는 내용이다.

라의 실록도 비교되지 않을 만큼 오랜 세월의 역사를 담은 기록입니다.

게다가 이 방대한 실록은 아주 수려하고 정교한 금속활자로 인쇄되었습니다. 이를 통해 실록은 당시 우리나라의 발전된 인쇄술을 보여주는 하나의 지표라고도 할 수 있습니다.

실록은 다양한 방면의 풍부한 내용을 담았다는 측면에서도 세계적인 가치를 인정받고 있습니다. 왕조실록이니까 정치와 관련된 게 대부분일 것이라고 생각할 수 있는데, 그렇지 않습니다. 각종 법률과 제도, 경제, 교통(지리), 풍속, 천문학, 미술(공예), 음악, 종교 등 시대의 거의 모든 분야

를 망라하고 있습니다. 다시 말해 왕에서부터 일반 백성에 이르기까지 모든 삶의 기록이 담겨 있다고 볼 수 있습니다. 이 때문에 조선왕조실록은 백과사전식 실록이라는 평가를 받고 있으며, 이러한 사례는 세계사적으로도 유례를 찾기 힘들다고 합니다.

실록은 기록의 진실성이 매우 높다는 측면에서도 그 가치를 인정받고 있습니다. 어쩌면 이것이 실록의 백미라고 할 수 있을 것 같습니다. 실록은 그 왕대에 바로 기록되지 않습니다. 왕이 승하하면 이후의 왕대에 편찬이 이루어집니다. 현재 권력을 가진 왕이 자신 대의 역사를 실시간으로 기록할 수 없는 것이지요.

이전 왕의 실록 작성과 편찬이 결정되면 이를 담당하는 실록청이 설치됩니다. 그리고 전국 관원들에게 사초 납부령이 내려집니다. 사초史草는 실록을 작성하는 데 필요한 기초 자료라고 할 수 있는데, 좁은 의미로는 훗날 실록 편찬을 위해 사관들이 그때그때 작성하는 일종의 보안 속기록이라고 할 수 있습니다. 사관들이 기록하는 사초에는 왕의 언행을 비롯해 조정에서 일어나는 모든 일들이 가감 없이 기록됩니다. 그렇기 때문에 사관들은 신분을 보장받습니다. 사초는 왕을 포함해 그 누구도 열람할 수 없습니다. 사초를 기록하는 사관 역시 함부로 그 내용을 말했다가는 큰 화를 입게 되지요. 그만큼 사초는 아주 철저하게 보안을 유지하며 관리되었습니다.

이렇게 사초가 모아지면 본격적으로 실록이 작성되기 시작합니다. 사초와 각종 자료에서 중요한 사실을 추출하여 작성하는데, 이를 초초初草라고 합니다. 그리고 초초 중에서 빠진 사실을 추가하거나 불필요하다고 판단되는 것을 빼는 등의 수정을 하여 중초中草를 작성합니다. 다음에는 실록을 담당하는 최고 책임관들이 마지막으로 오류가 없는지 확인하고 전체적으로 체제와 문장을 맞춥니다. 이렇게 해서 인쇄본이 최종적으로 만들어지는데, 이를 정초正草라고 합니다.

실록 편찬에 참여했던 모든 사람들은 사초나 실록 내용에 대해 철저하게 보안을 유지해야 합니다. 그렇지 않으면 아주 큰 화를 입게 되지요. 또한 실록 편찬이 완료되면 편찬본을 제외하고 사초를 포함해서 실록 작성 중에 기록되었던 모든 것들을 폐기합니다. 논란의 불씨를 없애기 위함이지요.

실록의 진실성 못지않게 실록의 세계적인 가치를 높여주었던 것은 온전한 보관입니다. 그 엄청난 분량의 기록을 지금까지 잘 보관해왔다는 것 자체가 대단한 일이 아닐 수 없습니다. 중국 명나라 이전의 실록들이 거의 전하지 못하고 있는 현실에 비하면 더욱 그렇지요.

물론 우리 실록의 보존에 위기와 시련이 없었던 게 아닙니다. 실록을 보관하는 곳을 사고史庫라고 합니다. 조선 전기에는 4부를 만들어서 춘추관, 충주 사고, 전주 사고, 성주 사고에 각각 보관하였습니다. 이렇게 여러 곳으로 나눠 보관하는 것은 화재 등으로 실록이 소실될 수도 있기 때문에 그 같은 위험에 대처하기 위해서입니다.

실제로 조선에 국가적으로 아주 큰 재난이 닥쳤습니다. 임진왜란이 일어난 것이지요. 국토가 왜군에 의해 초토화되었습니다. 아마 실록의 가장 큰 위기는 이때가 아니었나 싶습니다. 임진왜란 당시 춘추관과 충주 사고, 성주 사고의 실록이 모두 불에 타 없어지고 말았습니다.

하지만 기적이 일어났습니다. 전주 사고의 실록이 온전했던 것이지요. 1592년, 임진왜란이 일어났다는 소식을 들은 전주의 선비 안의, 손홍록 등은 실록이 위험하다는 것을 직감했습니다. 그래서 자신의 재산을 털어 〈태조실록〉에서 〈명종실록〉까지 804권과 여타 도서들을 정읍에 있는 내장산으로 옮겼습니다. 그렇게 해서 마지막으로 남았던 전주 사고의 실록이 보존될 수 있었습니다. 안의와 손홍록 선비가 아니었다면 아마도 조선 전기의 실록은 이 땅에 남아있지 않았을 것입니다.

그들은 어떤 생각으로 실록을 지키려고 했던 것일까요? 이와 관련해 근대 민족주의 역사학자인 신채호의 '역사를 잊은 민족에게 미래는 없다'라는 말이 떠오릅니다. 또 신채호와 함께 일제강점기에 민족주의 사학자로서 이름을 널리 알린 박은식이 '역사는 나라의 혼이고, 혼이 있으면 나라를 다시 일으킬 수 있다'라고 했던 말도 생각납니다. 아마 앞의 선비들도 같은 생각이 아니었을까요? 비록 국가는 절체절명의 위기에 놓여 있지만, 역사를 지킬 수 있다면 다시 나라를 일으킬 수 있다는 그런 믿음 말이지요.

이들 선비들의 헌신적인 노력으로 실록은 내장산에서 잘 보관되다가 이듬해인 1593년에 조정으로 이관되었습니다. 그리고 임진왜란이 끝난 뒤에 재출간되어 춘추관을 비롯하여 새로 설치된 여러 사고에 보관될 수 있었습니다.

그 뒤로 실록의 위기가 없었던 것은 또 아닙니다. 인조 때 이괄의 난으로 춘추관의 실록이 모두 불타고, 마니산 사고의 실록은 병자호란 때 크게 파손되기도 하였습니다. 이러한 시련을 거치다가 실록은 최종적으로 정족산 사고, 태백산 사고, 적상산 사고, 오대산 사고 등 네 곳의 사고에 각각 1부씩 보관되어 전해졌습니다.

그러다가 일제강점기에 들어서 실록은 또 한 번의 시련을 맞습니다.

오대산 선원보각. 조선의 오대산 사고는 6·25 전쟁 때 소실되었고, 이후 그 일대에 선원보각(조선시대 왕실 족보와 문서 등을 보관해오던 전각)이 복원되었다. ⓒ 박재봉

정족산 사고와 태백산 사고의 실록을 조선총독부가 가져가서 경성제국대학에 이관시켰습니다. 그리고 오대산 사고의 실록은 아예 일본으로 반출해 갔지요. 이 실록은 1923년 관동대지진 당시에 대부분 소실되었습니다. 적상산 사고의 실록은 광복 이후 일부가 도난되었고, 6·25 전쟁 당시에 북한으로 넘어간 것으로 보고 있습니다.

이러한 우여곡절을 거치며 현재 실록은 서울대학교 규장각 등에 정족산본 1,181책, 태백산본 848책, 오대산본 27책, 기타 21책을 포함해 총 2,077책이 있습니다. 이 책들이 모두 유네스코 세계기록유산으로 등재된 것입니다.

조선왕조실록의 내용 하나하나는 조선의 역사입니다. 그런데 그 내용과는 별개로 조선왕조실록이 만들어지고, 보관되고, 전해지는 과정 또한 우리 역사의 한 단면이 아닐까 생각됩니다.

조선 왕릉이 세계문화유산에 지정된 이유
• • •

어느 나라에나 왕의 무덤이 있기 마련입니다. 또한 왕이 살아있을 때의 권위만큼 사후에도 왕의 무덤은 규모와 관리 등에서 일반인의 무덤과는 큰 차이가 납니다. 도굴꾼의 표적이 되는 무덤이 대개 왕 또는 왕족의 무덤인 이유입니다. 그래서 세계적으로도 왕의 무덤이 온전하게 보전되는 경우는 그리 흔하지 않습니다. 하지만 조선 왕릉은 그 장구한 세월 동안 잘 보전되어 지금까지 전해오고 있습니다. 조선왕조실록과 함께 조선의 역사를 그대로 보여주는 소중한 문화유산이라 할 수 있지요. 2009년에 유네스코가 지정한 세계유산이기도 하고요.

조선 왕릉은 일단 건축학적으로 세계인의 주목을 끌기에 충분합니다. 봉분 축조과 여러 석물의 배치는 중국, 일본 같은 주변 나라에서 볼 수 없는 독특함을 가지고 있습니다. 또 공간 구성과 건축물, 석물 등의 예술적 독창성도 조선 왕릉의 빼놓을 수 없는 매력입니다.

이처럼 겉으로 드러나는 예술적 가치 외에도 조선 왕릉은 여러 모로 높은 평가를 받고 있습니다. 먼저 굉장히 자연친화적이라는 점입니다. 조선 왕릉은 풍수지리 이론을 따르고 있습니다. 풍수지리를 따른 무덤 조성은 동아시아에서 많이 볼 수 있는데, 조선 왕릉은 풍수지리 이론에 대한 조선 고유의 해석이 적용되었다는 평가를 받습니다. 주변의 지형

경기도 여주에 있는 영릉英陵의 전경. 세종대왕과 소헌왕후의 합장릉이다. 근처 산 너머에는 효종과 인선왕후의 능인 영릉寧陵도 있다. ⓒ *doopedia*

을 활용하고, 자연환경과 구조물의 어울림을 고려하는 등 자연친화적인 모습을 보이고 있다는 것이지요.

조선 왕릉은 또 조선의 기록 문화와 관련해서도 큰 가치가 있습니다. 적당한 비유가 될지 모르지만 조선 왕릉의 가치를 생각하다 보니 조립식 장난감에 관한 추억이 떠오릅니다. 어렸을 때 로봇이나 자동차 같은 조립식 장난감을 즐겨 만들었습니다. 평면 플라스틱에 붙은 부품을 하나하나 떼어 조립하는 식이었지요. 오랜 시간 동안 공들여 만들곤 했는데, 요즘 아이들이 조립하는 장난감을 보면 그 옛날은 비교조차 되지 않을 정도로 거창한 것 같습니다. 부품도 아주 많아서 조립 과정이 마치 하나의 건축물을 짓는 것 같은 느낌이 듭니다. 이를 정성 들여 완성한 아이는 행복한 표정으로 장난감을 바라봅니다.

서울 삼성동에 있는 선릉(9대 성종)의 모습. 반대쪽 산등성이에는 정릉(11대 중종)이 있다. 조선의 10대 임금인 연산군의 묘는 서울 방학동에 왕자의 예(禮)로 조성되었다.

그런데 어느 날 장난감이 부서져 있고, 아이는 대성통곡합니다. 아이들을 키우는 집에서 물건이 깨지고 부서지는 것은 다반사입니다. 그릇도 깨지고 책도 찢어지고 심지어 창문이 깨지는 경우도 있습니다. 장난감이라고 무사할 리 없지요. 공에 맞아 산산조각이 난 장난감을 앞에 두고 우는데, 아이 엄마가 책 하나를 가져옵니다. 그리고 도저히 원상회복이 어려울 것 같은 장난감을 책을 보며 하나하나 재조립합니다. 아이는 어느새 눈물을 그치고 엄마의 작업을 기대하며 곁에서 돕습니다.

이 장난감 복원의 비결은 무엇일까요? 바로 장난감 설계도 책입니다.

책이 없었다면 복원이 결코 쉽지 않았을 것입니다. 복원되었다고 해도 원래대로 된다는 보장도 없을 것이고요. 그 설계도를 조선 왕릉도 가지고 있습니다. 《산릉도감의궤》라는 책입니다. 이 의궤(각종 의례의 전모를 소상하게 적은 책)에는 왕릉이 만들어지는 과정의 모든 내용이 기록되어 있습니다. 심지어 흙을 나르는 데 참여한 사람들의 이름까지도 기록되어 있지요. 이 기록 덕분에 행여 뜻하지 않은 일로 왕릉이 크게 훼손되더라도 복원이 가능합니다. 물론 복원을 해야만 하는 상황이 벌어지지 않는 게 가장 중요하겠지요. 그 이전에 이러한 기록을 남길 수 있는 조선의 기록 문화가 참으로 위대하다는 생각이 듭니다. 유네스코 문화유산으로 지정된 수원 화성도 역시 의궤가 있습니다. 이 의궤에도 수원 화성의 건축 과정에서 있었던 모든 일이 기록되어 있습니다. 이 또한 조선 왕릉과 함께 조선의 우수한 기록 문화가 반영된 사례일 것입니다.

그런데 500년 동안 서울과 서울 주변에 지속적으로 조성되었던 왕릉은 어떻게 해서 최대한 원형을 유지하며 지금까지 보전될 수 있었을까요? 조선은 왕릉을 철저하게 지켰습니다. 왕릉을 지키고 관리하는 전담 관리들을 배치하고 수호군, 능군 등 병사들로 하여금 만일의 사태에 대비하도록 하였지요.

산불에 대한 대비책도 세웠습니다. 오늘날에도 산불이 나면 진화가 굉장히 어렵습니다. 예전에 강원도 동해 부근의 산악에서 불이 났을 때 불길을 잡기가 너무 어려워 많은 국민들을 안타깝게 했던 일이 있습니다. 현대의 진화 기술로도 끄기가 쉽지 않은 만큼 조선 시대에 산불은 왕릉에 치명적일 수 있지요. 하지만 조선 정부는 이에 대한 만반의 대책을 세워 놓았습니다. 그 대표적인 것이 화소火巢입니다. 화소는 쉽게 말하면 불길이 들어오지 못하도록 하는 방어막입니다. 왕릉의 주변 둘레를 만들고 그곳의 나무와 풀을 불태워 없애서 방화벽을 구축한 것이지요.

화소가 주변 자연을 훼손하는 게 아니냐는 우려가 있을 수 있습니다. 아니, 분명 훼손이 맞지요. 하지만 조선은 이를 만회하기 위한 노력도 게을리하지 않았습니다. 먼저 왕릉 일대의 나무를 훼손한 자에게 큰 벌을 내리는 등 산림 관리에 최선을 다했습니다. 또한 매년 왕릉 주변에 소나무 따위를 심는 식목 행사도 실시했습니다. 이 밖에 병충해를 막기 위한 조치도 꾸준히 해나갔습니다.

조선 왕릉은 건축 기법, 예술적 측면 등에서 매우 가치 있는 문화유산입니다. 또한 보전 기간과 관리 측면에서도 세계적으로 유례를 찾기 힘들 만큼 훌륭하게 보존해왔습니다.

조선 왕릉 중에는 우리가 일상적으로 생활하는 도심 가까이에 위치한 것도 있습니다. 예를 들어 연산군의 아버지인 성종과 정현왕후를 모신 선릉은 아예 서울 지하철역 이름(선릉역)이기도 하지요. 이번 기회에 조선 왕릉을 찾아 그 가치를 되새겨보는 것은 어떨까요? ♣

고대부터 조선까지, 천문학이 발달한 나라

천문학은 천체를 연구하는 학문입니다. 쉽게 말해 하늘에서 일어나는 현상을 관찰하고 연구하는 것이지요. 역사적으로 천문학은 아주 오래전부터 발전할 수밖에 없었습니다. 왜냐하면 예로부터 하늘은 최고의 숭배 대상이었고, 그 하늘의 뜻을 읽는 일은 무엇보다 중요했으니까요. 그래서 국가가 등장한 이래로 제천 행사를 하지 않은 나라는 거의 없었습니다. 하늘을 관측하고 그 결과에 따라 국가의 길흉을 점치는 점성술도 생겨났습니다. 그게 하늘의 뜻이라는 것이지요.

천문학은 농경의 발달과도 깊은 관계가 있습니다. 하늘의 모양과 움직임에 따라 농사 시기를 결정할 수 있기 때문입니다. 그와 함께 날짜와 계절 등을 연구하고 계산하는 역법도 발달하게 되었습니다.

우리의 조상들도 천문학에 관심이 무척 많았습니다. 그런데 일반적으로 우리나라 역사에서 천문학이라고 하면 첨성대, 해시계 정도만 생각하는 경우가 많은 것 같습니다. 사실 우리 조상들의 천문학에 대한 관심과 그 수준은 훨씬 높았는데 말이지요.

기록으로 남은 우리 천문학의 우수성
. . .

초기 철기 국가인 부여에서는 흉년이 들면 그 책임을 왕에게 돌려 왕을 바꾸거나 죽였다고 합니다. 전통 사회의 국가에서는 대개 왕의 권위를 하늘이 부여한다고 이해합니다. 한편으로 하늘의 날씨와 계절에 따라 농사가 큰 영향을 받습니다. 따라서 흉년이 들면 하늘이 노해서 그렇다고 보고, 그 책임을 왕에게 묻는 것입니다. 하늘이 더 이상 현재의 왕을 인정하지 않는다는 식으로 말이지요.

오늘날에는 달이 태양을 가리는 일식 현상을 과학적으로 당연하게 여깁니다. 하지만 초기 국가에서 태양이 사라졌다는 것은 하늘이 노했기 때문이고, 곧 국가적 재앙이 닥친다고 믿었는지도 모릅니다. 이로써 국왕이 또 바뀌었을 수 있습니다.

이처럼 국왕의 권위는 하늘에서 부여한 만큼 대단하기도 하였지만, 반대로 하늘의 상황에 따라서는 정치적으로 궁지에 몰릴 위험도 있었던 것이지요. 그 때문에 국왕은 제천 행사를 통해 하늘에 감사와 축복, 때로는 용서를 구해야 했습니다.

고대의 국왕들은 하늘에 많은 관심을 가질 수밖에 없었습니다. 누군가에게 무엇을 얻고자 할 때 그 사람의 기분을 살피는 것은 당연합니다. 아이가 선물을 받기 위해 부모님의 기분을 살피며 재롱을 부리는 것처럼 말이지요. 이처럼 국왕의 지대한 관심 속에 고대국가에서부터 이미 하늘을 관찰하고 연구하는 천문학이 발달하게 되었습니다.

그렇게 하늘을 보며 연구를 거듭하다 보니 새로운 사실을 알게 됩니다. 반복되는 현상 속에 일정한 규칙이 있다는 것을 말입니다. 또한 하늘의 현상 중 어떤 것은 하늘의 뜻과는 상관없는 자연적인 현상이라는 사실도 깨닫게 되지요. 꾸준히 하늘의 현상을 관찰하고 기록했기 때문에 가능한 일이었습니다.

우리에게 잘 알려진 역사서《삼국사기》와《삼국유사》에는 천문 현상 기록이 240여 개가 있다고 합니다. 그중《삼국사기》에 있는 몇몇 유성 관측 사례를 살펴보면 다음과 같습니다.

104년(신라 파사왕 25년) 뭇별이 비 오듯 떨어졌으나 땅에는 맞지 않았다.

336년(고구려 고국원왕 6년) 큰 별이 서북방으로 흘러 떨어졌다.

390년(백제 진사왕 6년) 밤에 큰 별이 진중에 떨어져 요란한 소리가 났다.

467년(신라 자비왕 10년) 큰 별이 북쪽에서 동남쪽으로 떨어졌다.

643년(고구려 보장왕 2년) 뭇별이 서쪽으로 흘러갔다.

768년(신라 혜공왕 4년) 큰 별이 황룡사 남쪽에 떨어졌으며 지진地振動 소리가 우레와 같았다.

823년(신라 헌덕왕 15년) 유성이 천시天市에서 일어나 제좌帝座(자미성)를 범한 후 천시 동북원東北垣, 직녀성, 왕량성을 지나 각도閣道에 이르러 셋으로 갈라져 북소리를 낸 후 사라졌다.

이처럼 유성이 떨어진 사실이 이미 삼국시대에 꾸준히 기록되고 있었음을 알 수 있습니다. 특히 첨성대가 건립된 7세기 중반 이후의 유성 관측은 이전과는 달리 아주 자세히 기록되어 있는데, 그만큼 당시의 천문학 수준은 계속 높아져 갔습니다. 《삼국사기》에는 유성 관측 외에도 고구려, 백제, 신라에서 바라본 일식 현상도 기록되어 있습니다.

고려 시대에도 천문 관측이 꾸준히 이루어지고 기록되었습니다. 천문 관측을 전담하는 관청도 생겨났습니다. 태복감, 사천대 등 몇 차례 이름이 바뀌다가 고려 말에 서운관으로 불렸고, 서운관은 조선 시대로 이어졌지요. 이 관청에서는 책임자를 비롯해 이십 명이 천문 관측을 담당하였는데, 일식과 월식이 언제 일어날 것인지에 대해 예보할 정도로 전문성을 갖췄습니다.

고려 시대의 천문 관측 기록은 《고려사》에 잘 나와 있는데, 그 기록이 개수로만 5,000개가 넘습니다. 그중 《고려사》 〈천문지〉에 실린 일식 기록은 130여 회나 되고, 혜성 관측 기록도 87회에 이릅니다.

조선 시대의 천문 관측은 조선왕조실록, 〈승정원일기〉, 〈일성록〉 등에 약 2만 개가 기록되어 있습니다. 특히 조선왕조실록의 천문 관측 기록은 자세하고 정확하다는 평가를 받고 있습니다. 한국천문연구원은 실록의 내용을 분석하여 1490년(성종 21년)의 혜성 기록이 사분의 자리 Quadrans Muralis 유성우 기원임을 규명하기도 하였습니다. 유성우는 하늘의 어떤 지점으로부터 유성이 단시간에 많이 떨어지는 현상을 가리킵니다. 그러한 사분의 자리 유성우의 기원을 실록을 통해 밝혀낸 것이지요. 그만큼 우리 조상들의 천문 관측 능력과 기술이 매우 뛰어났음을 알 수 있습니다.

조선왕조실록의 천문 기록과 관련해 꼭 학술적인 내용은 아니지만 재미있는 사실도 있습니다. 이 또한 한국천문연구원에서 밝혀낸 것인데, 천문 관측한 사항을 조선왕조실록에 기록할 때는 관측한 날짜를 해가 뜨는 시점을 전후해 기준으로 잡습니다.

말이 조금 어려운데 예를 들어 설명하면 이렇습니다. 우리는 밤 12시(0시)를 기준으로 전날과 오늘을 구분합니다. 그렇다면 15XX년 1월 2일 새벽 2시에 혜성이 관측되었다는 기록은 당연히 2일의

조선왕조실록에 기록된 혜성의 이동 경로(별색)를 조선시대 천문도인 천상열차분야지도 별자리에 표시한 그림. ⓒ 한국천문연구원

기록이 되어야겠지요. 하지만 실록에서는 1일의 기록으로 잡습니다. 왜냐하면 해가 뜨기 전에 있었던 사실이기 때문이지요. 우리가 새벽 2시까지 공부를 했다면 어제 늦게까지 공부한 것으로 생각하지 오늘 일찍 공부했다고 하지 않는 것과 마찬가지입니다.

한국천문연구원은 조선왕조실록의 이 같은 기록 방식을 해 뜰 무렵에 하루를 시작하는 일상적인 관습에 따른 것으로 보고 있습니다. 조선에서도 오늘날과 마찬가지로 달력 계산은 자정(밤 12시)을 기준으로 했습니다. 하지만 기록 날짜는 일상생활의 관습에 따라 해 뜨는 시점을 기준으로 삼은 것이지요. 혹자는 천문과학의 정확성 측면에서 보건대 하나의

오점이라고 지적할지도 모르겠습니다. 하지만 저는 굉장히 인간적인 기록 방식이라고 생각합니다. 어차피 과학도 인간의 편리를 위해 존재하는 것이니까요.

한편 조선 시대에 천문학 기록이 많고 또한 정확한 것은, 15세기에 천문학을 비롯한 과학기술 발전에 대한 세종의 남다른 관심과 후원이 있었기에 가능했습니다. 이때 간의簡儀, 혼천의渾天儀 같은 천문기구가 만들어지기도 했지요. 특히 귀천에 상관없이 인재를 등용한 세종의 안목을 높이 평가해야 할 것 같습니다. 그 대표적인 인물이 장영실이지요.

〈세종실록〉에 따르면 장영실의 어머니는 기생이었다고 합니다. 기생의 아들은 관청의 노비가 되었지요. 장영실은 경상도 동래현의 관노로서 연장이나 기계를 매우 잘 다루었습니다. 그 재주가 너무 뛰어나 결국 한양까지 올라오게 되었지요. 그러한 장영실을 눈여겨본 이가 세종이었습니다. 세종은 장영실에게 조선의 천문학자와 함께 명나라에 가서 천문학을 배워 오도록 하였습니다. 노비 출신을 해외유학 보낸 셈인데, 세종이 능력 있는 자를 알아보고 미래를 위해 그에게 투자한 것이라 할 수 있지요. 이 일은 당시로서는 파격이었습니다. 이후 귀국한 장영실에게는 상의원 별좌라는 벼슬이 내려졌고, 그는 세종의 기대에 부응하여 많은 발명품을 만들어냈습니다. 이러한 일들이 곧 조선 시대 천문학의 놀라운 발전으로 이어진 것입니다.

앞에서 보았듯이 고대부터 조선에 이르기까지 천문 관측은 면밀하게 지속되었고, 기록으로도 남겨졌습니다. 그 기록들은 오랜 역사 속에서 우리가 천문학이 발달한 나라였음을 여실히 보여주고 있습니다.

고인돌부터 칠정산까지 천문 과학의 발자취

• • •

 기록뿐만 아니라 문화유산을 통해서도 우리 조상들이 하늘에 많은 관심을 가졌다는 사실, 그리고 그 과정에서 천문학이 크게 발전했음을 알 수 있습니다.

 고인돌은 주로 청동기시대에 만들어졌습니다. 고인돌을 만든 이유에 관해서는 여러 의견이 있는데, 대체로 지배층의 무덤 또는 상징물, 제단 정도로 여겨지고 있습니다. 그런데 바로 그 고인돌 혹은 거석에 새겨진 별자리가 연이어 발견되고 있습니다.

 경북 영일군 칠포리의 고인돌에는 북두칠성 별자리가 뚜렷하게 새겨져 있습니다. 충북 청원군 아득이 돌판에도 여러 별자리가 새겨져 있지요. 오늘날 북한 지역인 함경남도 함주군 지석리 등에도 별자리가 새겨진 고인돌이 있습니다.

 청동기시대 사람들이 어떤 의도로 고인돌에 별자리를 새겼는지는 알 수 없습니다. 다만 하늘과 별 그리고 별자리를 중요하게 여겼다는 사실 만큼은 분명하겠지요. 고인돌을 무덤으로 보았을 때 아마 사람이 죽으면 별이 된다고 생각하지는 않았을까요?

 별자리가 새겨진 무덤은 삼국시대에도 그대로 이어집니다. 이제는 고인돌이 아니라 대형 고분 속 벽화를 통해서지요. 대표적인 것이 고구려의 고분입니다. 고분 속 벽화에는 많은 별자리 그림들이 등장합니다. 그 중에서 가장 오래된 것은 4세기 무렵의 고분으로 보이는 안악 3호분입니다. 5세기 초 무덤인 덕흥리 고분에는 견우, 직녀 같은 별자리의 한자 이름이 나옵니다. 또한 5세기 말에서 6세기 초의 것으로 보이는 덕화리

2호분에서는 28수의 별자리와 이름이 나오기도 했습니다. 특히 고구려 각저총에는 많은 별자리가 그려져 있는데, 아마도 이 무덤의 주인은 북 두칠성을 보며 사후 세계에서 평안히 살 수 있기를 기원했는지도 모르 겠습니다.

고려 시대에도 별자리가 그려진 무덤들이 꽤 있습니다. 정종, 문종, 충 목왕을 비롯하여 왕과 귀족의 무덤에서 다수의 별자리가 발견되었지요. 그리고 11세기 것으로 보이는 청동 거울에도 28수의 별자리가 묘사되 어 있습니다.

조선 시대에도 별자리가 그려진 것들이 있습니다. 대표적인 것은 태 조 때 돌에 새긴 천문도인 천상열차분야지도天象列次分野之圖입니다. 이 것은 고구려의 천문도를 바탕으로 만들었는데, 대략 1세기 무렵의 하늘 모습을 묘사한 것으로 보고 있습니다. 조선 시대에는 이후에도 우리 고 유의 천문학 지식과 서양의 천문학 지식을 반영한 여러 천문도가 제작 되었습니다.

별을 관측하기 위해 만들어진 천문 관측대도 시대별로 남아있습니다. 신라의 첨성대는 앞서 설명했듯이 동양에서 가장 오래된 천문대로 평 가받고 있습니다. 개성 만월대 서쪽에는 고려 때 만들어진 것으로 보이 는 첨성당의 축대가 남아있습니다. 다섯 개의 사각 기둥이 동서남북에 맞춰진 상판을 받치고 있는데, 축대 상판에는 크고 작은 구멍들이 여러 개 나있습니다. 이는 관측기구를 상판에 고정하는 데 쓰였던 것으로 보 고 있습니다. 앞에서 《고려사》에 나오는 천문 관측 기록이 5,000여 개 에 이른다고 했는데, 아마도 이곳에서 관측된 내용을 바탕으로 하지 않 았나 싶습니다.

조선 시대에도 천문대가 있었습니다. 임진왜란 때 파괴되었지만 경복궁 경회루 북쪽에 대간의대大簡儀臺가 있었습니다. 이곳에는 혼천의, 혼상, 규표 등의 천문 관측기구가 설치되었던 것으로 보입니다. 관상감(이전 명칭은 서운관)에는 소간의대가 있었는데, 이것은 오늘날 비원 근처에 있습니다. 또 숙종 때 설치된 관천대는 현재 창경궁에 있습니다. 여기에도 고려의 첨성당 축대와 마찬가지로 관측기구를 올려놓고 고정하는 데 쓰인 것으로 보이는 구멍들이 나왔습니다.

천문학에 대해 이야기하는 만큼 관측기구에 대한 설명을 빠뜨릴 수 없겠지요? 해의 그림자 움직임을 보고 시간을 재는 해시계는 아주 오래전부터 사용되었는데, 현재 남아있는 가장 오래된 것은 신라 시대의 평면 해시계입니다. 대략 6~7세기 무렵의 것으로 일부가 조각 형태로 남아있습니다. 해시계가 본격적으로 만들어진 것은 조선 시대에 들어오면서부터입니다. 세종 때 장영실이 발명한 앙부일구는 아주 유명한 해시계이지요. 그런데 현재 남아있는 앙부일구는 세종 때 만들어진 게 아니라, 모두 17세기 이후의 것들입니다. 조선 시대에는 앙부일구 외에도 여러 천문학 관련 발명품들이 있었습니다. 천체 관측용 기구인 간의, 사계절과 일월 5성의 운행을 알아볼 수 있는 혼천의 등이 대표적인 천문기구라 할 수 있지요.

천체의 주기적인 운동을 법칙화해서 날짜와 절기 등을 계산하는 방식을 역법이라고 합니다. 역법은 굉장히 수준 높은 천문학이라고 할 수 있습니다. 사실 고려 시대까지만 하더라도 우리나라는 중국 역법에 의존한 측면이 있었습니다. 그러다가 세종 때 《칠정산七政算》이라는 역법서가 만들어졌습니다. 여기서 '칠정산'은 일곱 개의 움직이는 별을 계산한

관상감에 설치된 소간의대小簡儀臺 모습.(서울 종로구 소재) 지금은 없어졌지만 원래 대 위로 올라가는 돌계단이 있었다. ⓒ 문화재청

다는 뜻으로, 일곱 개의 별이란 해와 달, 오행성(수성, 금성, 화성, 목성, 토성)을 가리킵니다.《칠정산》은 중국의 수시력과 아라비아의 회회력을 참고로 하여 만든 역법서입니다. 그런데 중요한 것은, 우리나라 역사상 처음으로 서울(한양)을 기준으로 천체 운동을 정확하게 계산한 역법서라는 사실입니다. 중국에서 바라본 천체를 기준으로 한 역법은 우리 입장에서는 오차가 있을 수 있지요. 그 같은 측면에서《칠정산》은 큰 의미가 있다고 할 수 있습니다.

이처럼 우리나라 천문학 역사의 우수성과 발전은 많은 유물, 유적으

국립고궁박물관에 소장되어 있는 앙부일구.(보물 845호) 청동 소재이며 글자와 선이 잘 보이도록 은
으로 상감을 했다. ⓒBernat

로 확인할 수 있습니다. 이제부터 천문학 하면 경주 첨성대만 떠올릴 게 아니라, 고인돌부터 칠정산에 이르기까지 다양한 문화유산에 자부심을 가져도 좋을 듯합니다. ♣

Part
2

그들의
감동적인
삶을
되새기다

중국 너머 서역에까지 진출한 고구려인

고구려 하면 제일 먼저 떠오르는 왕 중에 꼭 빠지지 않는 왕이 있습니다. 바로 광개토대왕이지요. 광개토대왕은 그 호칭 그대로 만주를 비롯하여 백두산 너머 북쪽의 많은 땅들을 고구려의 영토로 만들었지요.

이처럼 고구려는 우리나라 역사에서 넓은 영토를 확보한 나라로 알려져 있습니다. 비록 지금은 고구려 옛 땅에서 우리 영토가 아닌 곳이 많지만 말이지요. 그런데 고구려의 이러한 확장성이 영토에 국한된 것만은 아니었습니다. 고구려는 삼국 중에서 중국의 여러 국가, 여러 민족과 가장 활발히 교류하였습니다. 나아가 중앙아시아 지역 등에 해당하는 서역과도 교류하였지요. 그 먼 서역까지 진출한 고구려인, 그 사례를 통해 고구려인의 위풍당당한 대외 활약상을 느껴보고자 합니다.

고구려 사절, 우즈베키스탄을 방문하다

• • •

1965년에 우즈베키스탄의 사마르칸트 아프라시압 언덕에서 7세기 중엽의 궁궐터가 발견되었습니다. 이 유적은 13세기 몽골제국에 의해 멸망하기 전까지 비단길 중계무역을 통해 크게 번영한 소그디아 왕국의 유적으로 판명되었지요. 사마르칸트는 옛 소그디아 왕국의 수도이기도 했습니다. 그런데 1975년에 놀라운 소식이 전해집니다. 궁궐터에서 벽화가 발견되었는데, 당시 벽화 조사 책임자가 쓴 보고서에 따르면 벽화 속의 여러 인물 중 두 사람이 한국에서 온 사절이라는 내용이었지요.

아프라시압 벽화는 7세기 무렵 소그디아 왕국의 바르후만 왕이 재위할 당시에 그려진 것으로 보고 있습니다. 이는 벽화에 있는 소그드어를 통해 알 수 있습니다. 이 벽화에는 소그디아 왕국의 주변 국가에서 온 여러 사절들의 모습이 담겨 있습니다. 바르후만 왕에게 사절들이 찾아와 예를 올리는 모습이지요. 조사 책임자는 벽화 속의 여러 사절 중에서 두 사람을 한국에서 온 사절이라고 했고, 이러한 주장에 대해 이후 우리나라의 여러 역사학자들도 공인하고 있습니다. 그렇다면 7세기 무렵에 이 두 사람은 도대체 어디에서 온 것일까요?

그들은 고구려에서 왔습니다. 어떻게 고구려라는 것을 알 수 있느냐고요? 바로 두 사람의 모습 때문입니다. 먼저 이들은 조우관鳥羽冠을 하고 있습니다. 조우관은 새의 깃을 꽂은 모자를 말합니다.

머리에는 절풍(折風 : 관모)을 쓰니 그 모양이 변弁과 흡사하였으며, 옆에 새의 깃을 꽂는데 귀천에 따라 차이가 있었다. - 《위서》 〈고구려전〉

아프라시압 궁전 벽화의 모사도. 오른쪽에 조우관을 쓰고 환두대도를 찬 두 명의 인물이 고구려 사신으로 여겨지고 있다. ⓒ 해외문화홍보원

이 사료를 통해 조우관이 고구려 복식의 중요한 특징이라는 사실을 알 수 있습니다. 기록만이 아니라 중국에서 출토된 유물 속 고구려인의 모습, 또한 무용총과 쌍영총 등 고구려 벽화에서도 조우관을 쓴 고구려인의 모습을 확인할 수 있습니다.

조우관뿐만이 아닙니다. 아프라시압 벽화 속 두 인물의 다른 특징도 이들이 고구려인이라는 사실을 증명해줍니다. 먼저 이들은 검은색 머리와 갈색 얼굴을 하고 있습니다. 황인종 계통의 특징으로 일반적인 고구려 사람의 모습이 그렇지요. 또 이들은 헐렁한 바지를 입고 끝이 뾰족한 신발을 신고 있습니다. 무릎을 가릴 정도의 상의를 입고 허리에 검은색 띠를 두르고도 있습니다. 이 같은 옷차림은 고구려에서 많이 볼 수 있는 모습입니다. 결정적으로 이들이 차고 있는 큰 칼에 주목할 필요가 있습니다. 바로 환두대도(둥근고리 큰칼)인데, 고구려 고분벽화에는 그처럼 환두대도를 착용한 사람들을 볼 수 있습니다. 특히 칼 콧등이 크고 칼집에

M자형 장식이 있는 것도 고구려 환두대도의 특징이지요. 벽화 속 환두대도가 이와 일치합니다. 이러한 여러 근거를 통해 벽화의 두 사람이 고구려 사절이라는 사실을 뒷받침하는 것입니다.

그렇다면 왜 벽화 속의 고구려 사절은 고구려에서 멀리 떨어진 서역, 오늘날 우즈베키스탄 지역에까지 오게 되었을까요? 서역은 도로와 교통, 주변 국가의 방해 등으로 인해 쉽게 올 수 있는 곳이 아닌데 말이지요.

아프라시압 벽화를 분석해본 결과, 학자들은 고구려 사절이 바르후만 왕을 만나러 온 시기를 대략 650년에서 655년 사이로 보고 있습니다. 이때 고구려의 상황을 유심히 살펴볼 필요가 있습니다. 고구려는 6세기 말부터 7세기 전반에 중국 수나라와 당나라의 연이은 침략을 받고 있었습니다. 물론 잘 막아내었지요. 하지만 당나라는 세력을 꾸준히 확장하며 고구려 침략을 호시탐탐 노리고 있었습니다. 이를 고구려가 모를 리 없었습니다.

바로 이때 고구려가 서역으로 외교 전략을 편 것입니다. 당나라의 세력 확장은 우리나라뿐만 아니라 서돌궐을 비롯한 서역 국가들에게도 위협의 대상이었습니다. 그 점을 고구려가 이용하려고 한 것입니다. 서돌궐 및 서역 국가들과 군사적으로 손을 잡고, 동쪽과 서쪽에서 당나라를 압박한다는 전략이었지요. 이처럼 서역의 국가들과 손잡기 위한 사절이 아프라시압 벽화 속 고구려인이라는 것이 많은 학자들의 공통된 의견입니다. 이를 통해 고구려의 진취적이고 적극적인 대외 교류 능력을 확인할 수 있습니다.

그런데 고구려 사람만이 서역으로 간 것은 아니었습니다. 서역 사람들도 이미 고구려에 많이 왔던 것으로 보입니다. 이 역시 벽화를 통해 알 수 있는데, 이번에는 서역의 벽화가 아니라 고구려의 벽화입니다.

고구려 고분 중에 각저총이라고 있습니다. 각저角抵는 씨름을 뜻하는 말인데, 각저총이라고 불리는 것은 이 고분에 씨름을 하는 모습의 벽화가 있기 때문입니다. 오늘날의 씨름과는 조금 차이가 있어 보이지만 그래도 당시 고구려에 씨름 문화가 있었다는 사실을 알 수 있습니다.

그런데 이 벽화에서 씨름을 하는 두 사람의 생김새가 사뭇 다릅니다. 그중 한 사람이 우리나라 사람의 일반적인 얼굴 모습과 다르다는 것이지요. 이 사람은 눈이 매우 크고 길게 째져 있습니다. 또한 큰 매부리코를 하고 있습니다. 누가 보더라도 서역 사람이라고 느낄 얼굴인 것입니다.

요즘 TV 예능 프로그램을 보면 외국인들이 많이 나옵니다. 어느 호주인은 군대 체험을 하는 예능 프로그램에서 한국인 군인들과 씨름을 하기도 했습니다. 또 어떤 프로그램은 아예 여러 나라의 외국인들이 모여 갖가지 이슈에 대해 자신의 나라의 경우를 소개하기도 하지요. 이러한 예는 빙산의 일각입니다. 우리나라는 이미 세계의 여러 나라들과 활발히 교류하고 있고, 외국인들이 국내에서 많이 활동하는 것 또한 이제는 무척이나 자연스러워 보입니다.

다시 각저총의 벽화 속 인물에 대한 이야기를 이어가겠습니다. 각저총의 서역 사람이 고구려 사람과 씨름을 하고 있습니다. 이는 고구려가 서역과 교류했음을 알려주는 대표적인 사례로 볼 수 있습니다. 서역 사람들이 고구려에 머물며 여러 활동을 했다는 것이지요.

각저총의 벽화 속 한 장면을 가지고 서역과의 교류를 단정적으로 말하기는 어렵다는 의견이 있을지도 모르겠습니다. 하지만 각저총 벽화만이 아닙니다. 안악 3호분, 무용총, 장천 1호분 등의 벽화에서도 여러 형

각저총의 씨름 벽화. 두 사람이 씨름을 하고 한쪽에서는 심판을 보는 듯한데, 나무 쪽에 있는 사람은 서역인의 용모를 하고 있다.

태로 서역 사람 혹은 서역의 흔적을 찾아볼 수 있습니다.

고구려는 우리나라 역사에서 북방 지역을 크게 개척한 나라였습니다. 또한 한반도와 대륙을 연결해 중국 여러 왕조들과 활발하게 교류한 나라였기도 합니다. 그런 이유로 이제는 고구려의 대외 확장성을 조금 더 넓게 볼 필요가 있을 것 같습니다. 서역으로 말이지요. 고구려가 서역과 정치, 경제, 문화적으로 활발하게 교류하였다는 사실이 학문적으로 계속 입증되고 있습니다. 고구려는 우리가 아는 것 이상으로 매우 국제적이고 역동적인 나라였습니다. 그 고구려의 기상을 지금의 우리나라가 이어받아 세계 속의 한국, 한국 속의 세계를 지향하고 있는 것은 아닐까 합니다.

파미르 고원을 넘은 대원정, 고선지 장군

• • •

세계화 시대에 걸맞게 세계 곳곳에서 활약하는 한국인들이 많이 있습니다. 그중에는 국적이 한국이 아닌 사람도 있지요. 국외로 이민을 갔거나 이민 세대의 자손인 경우가 대개 그러합니다. 하지만 이들이 큰 활약을 펼쳐 뉴스에 언급될 때면 비록 현재의 국적이 한국은 아니더라도 우리는 큰 자부심을 갖게 됩니다. 대표적인 사례가 2012년에 세계은행 총재로 임명된 김용의 경우입니다. 그의 국적은 미국이었지요. 하지만 우리는 한국 국적을 갖고 있는 반기문이 유엔 사무총장이 되었을 때와 마찬가지로 한국인으로서 자부심을 느낄 수 있었습니다.

역사 인물 중에는 아마 고구려 출신의 고선지(?~755)가 그 같은 경우가 아닌가 싶습니다. 고구려가 멸망한 이후 당나라에 살면서 서역에 크게 명성을 떨친 고구려인, 그가 바로 고선지입니다.

> 고선지는 고구려 사람이다. 아버지인 고사계가 처음에 장군으로서 하서군河西軍에 예속되어 사진교장四鎭校將으로 있었다. 고선지는 이십여 세의 나이로 아버지를 따라 안서安西에 이르렀으며, 아버지의 공으로 인해 유격장군遊擊將軍에 보임되었는데, 몇 년 뒤에는 부자父子가 반열을 나란히 하게 되었다. –《신당서》

중국의 《신당서》를 비롯해 여러 사료에는 고선지가 고구려 사람이라고 나와 있습니다. 그의 아버지 고사계가 고구려 사람이었기 때문이지요. 고사계는 당나라 서북 지역에 살고 있었습니다. 그가 어떻게 해서 그곳에 살게 되었는지는 정확히 밝혀진 바가 없습니다. 다만 고구려 멸망 이후에 고구려 유민들이 당나라에 살게 된 경우가 많았는데, 고사계의 집안도 아마 그러했던 것으로 보입니다.

고선지는 장군이었던 아버지 밑에서 자라며 자연스럽게 무예를 익혔고, 당나라에서 인정받는 장군이 되었습니다. 그리고 그가 결정적으로 이름을 떨치게 되는 일이 생겼습니다. 바로 소발륙국(현재의 파키스탄 길기트 지역) 원정이었지요.

당나라 서쪽에는 티베트족이 세운 토번이 있었습니다. 토번은 서역과 당나라 사이에서 나름의 영향력을 가진 나라였습니다. 당나라로서는 경계의 고삐를 놓을 수 없는 나라이기도 했습니다. 한때 토번이 강했을 시기에는 당나라가 토번에게 공주를 시집보내 화친을 맺기도 할 정도였으니까요. 당나라는 토번이 서역의 나라들과 연합하여 당에 대항하는 것을 원천적으로 막을 필요가 있었습니다. 그래서 고선지로 하여금 서역에 있는 소발륙국을 정벌하도록 하였지요.

소발륙국이 아주 크고 대단한 국가는 아니었습니다. 그저 서역의 소국 중 하나였지요. 그렇지만 위치상으로는 굉장히 중요했습니다. 이곳을 확보하지 않으면 당나라의 서북 지역 방어가 위태로울 수 있기 때문입니다. 또한 서역으로의 상업적, 종교적 교류와 진출에도 아주 중요했습니다. 원래 소발륙국은 당나라의 통제 하에 있었습니다. 그런데 토번의 영향력이 확대되면서 이제는 토번의 영향력 아래에 소발륙국이 놓이게 된 것이지요. 당나라 입장에서는 소발륙국을 점령해 그 일대의 여러 소국들을 토번에게서 떼어놓아야 했습니다. 그 임무를 고선지가 맡은 것이었습니다.

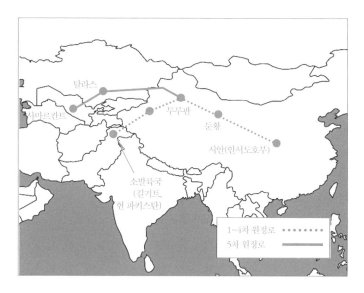

고선지의 원정로. 그는 파미르 고원을 넘어 연운보 전투 및 소발륙국 원정에 나섰다.

　고선지는 1만 명의 군사를 이끌고 소발륙국 원정에 나섰습니다. 하지만 결코 쉬운 원정은 아니었습니다. 고선지 부대를 가로막은 가장 큰 장애물은 자연환경이었지요. 고산지대 그리고 건조한 사막이 연이어 있는 조건에서 고선지 부대의 고생은 이만저만이 아니었습니다. 특히 고산병으로 쓰러지는 병사가 속출했습니다. 그만큼 고선지 부대의 전투력은 떨어질 수밖에 없었습니다.

　이처럼 어려운 상황에서도 고선지는 부하들을 독려했습니다. 그리고 파미르 고원을 넘었습니다. 고선지는 특유의 통솔력과 전술로 부대를 이끌었고, 마침내 토번의 군사기지인 연운보를 격파하는 데 성공하였습니다. 자신감을 얻은 고선지의 부대는 이후 계속 전진하여 소발륙국의

고선지가 서역 원정 때 넘었던 파미르 고원을 하늘에서 바라본 모습. ⓒIrene2005

수도인 아노월성을 점령하였습니다.

　연운보 전투 및 소발륙국 점령과 관련해 훗날 학자들은 고선지의 전
투 수행능력을 아주 높게 평가합니다. 세계 전쟁사에서 유례를 찾아보
기 힘든 대원정이자 승리였기 때문이지요. 해발 약 4,600미터에 위치
한 파미르 고원은 세계의 지붕으로 불리는 고산지대입니다. 이곳을 그
냥 횡단하는 것도 어려운데 횡단은 물론 전투에서까지 승리했다니 그야
말로 대단한 일이었지요.

　어두워질 때까지 토번의 군사를 추격하여 5천 명을 죽이고 1천 명을 생포
하였으며, 그 나머지는 모두 흩어져 달아났다. 말 1천여 필을 노획하였을

이처럼 《신당서》에는 연운보 전투에서 큰 승리를 거둔 고선지의 업적
을 자세히 기록하고 있습니다. 특히 병사들 중에 긴 행군과 전투에 지치
고 병든 자들을 방어 부대로 편성하고 나머지 병사들은 다시 전진시키
는 전략적 부대 운용도 잘 드러나 있습니다.

한편 고선지 부대가 소발륙국을 점령한다는 것을 알게 된 토번의 지
원군이 소발륙국으로 향했습니다. 하지만 이들은 소발륙국에 들어오지
도 못했습니다. 왜냐하면 토번과 소발륙국을 연결하는 계곡 절벽 사이
의 다리를 이미 고선지 부대가 끊어놓았기 때문이지요.

소발륙국의 왕과 공주가 고선지 부대에 사로잡혔다는 소식은 서역의
여러 소국들에게 전파되었습니다. 파미르 고원을 뚫고 토번의 군사기지
를 격파하였으며 소발륙국마저 점령한 고선지의 명성이 서역 만방에 퍼
져나간 것이지요. 이로 인해 서역의 72개 나라가 당나라에 복속되었습
니다. 이처럼 큰 공을 세운 고선지는 절도사에 임명되었습니다. 그래서
오늘날 우즈베키스탄의 일부 지역과 파키스탄 북부 등의 지역을 모두
관장하게 되었지요.

그 뒤로도 고선지는 전투를 멈추지 않았습니다. 750년에는 제2차 서
역 원정에 나서서 이슬람 국가와 연맹을 맺으려는 석국을 점령하고, 그
나라의 왕을 당나라의 수도 장안으로 압송하기도 하였습니다.

서역에서의 연이은 업적에 대해 프랑스의 역사학자 르네 그루세는 이렇게 말합니다.

"고선지의 파미르 서부 원정으로 당나라의 중앙아시아 팽창 정책은 그야말로 절정기를 맞았다고 할 수 있다. …… 고선지는 중앙아시아의 총독이나 다름없었다."

이처럼 서양의 학자들도 고선지의 활약을 높게 평가합니다.

하지만 고선지에게도 시련은 있었습니다. 당나라가 서역으로 급속하게 팽창하자 아라비아 국가들이 경계심을 높이게 되었습니다. 결국 아라비아 연합군과 고선지의 부대는 오늘날 카자흐스탄의 탈라스 지역에서 맞붙게 되는데, 이 전투에서 고선지 부대가 패한 것입니다. 이 전투를 세계사에서는 탈라스 전투(751년)라고 합니다. 굉장히 유명한 전투이지요. 종이를 발명한 나라는 중국인데, 이 전투는 중국의 제지술이 서방에 전파되는 계기가 되었습니다. 전투의 결과를 떠나 서양 문물 발전에 큰 영향을 끼치는 사건이 바로 탈라스 전투인 것이지요.

이후 고선지는 당나라로 돌아와 다른 관직을 맡습니다. 하지만 755년에 일어난 안록산의 난 때 이를 진압하는 과정에서 환관의 모함으로 결국 죽음을 맞게 됩니다.

고선지는 당나라의 장군이었습니다. 당나라를 위해 싸웠지요. 하지만 그는 고구려의 후예로서 서역에 고구려의 기상을 떨쳤던 우리의 위대한 조상으로 영원히 기억될 것입니다. ♣

이슬람의 기록에 등장하는 신라

고구려가 서역과 활발하게 교류했다는 사실은 여러 사례를 통해 알 수 있다. 그런데 신라도 고구려 못지않게 서역과 교류하였다는 흔적들이 있다. 더욱이 서역의 기록에는 신라에 대해 소개하는 글도 있다. 9세기 아랍의 유명한 지리학자인 이븐 쿠르다지바는 그의 저서《도로와 국가들》에서 다음과 같이 언급하였다.

"중국의 맨 끝 깐쑤 맞은편에는 산이 많이 있는데 그곳이 바로 신라다. 이 나라에는 금이 많으며 이슬람교도들은 일단 이 나라에 들어가면 그곳의 훌륭함 때문에 정착하게 된다."

이 글이 당시의 사실을 정확하게 표현했는지, 이븐 쿠르다지바가 언급한 나라가 실제로 신라가 맞는지에 대해서는 다소 의문이 있기도 하다. 하지만 금이 많다고 언급된 것과 관련해 실제로 신라는 '황금의 나라'로 불릴 만큼 금으로 된 유물이 많이 출토되고 있는 게 사실이다.

또한 서역과의 활발한 교류를 뒷받침하는 신라의 여러 유물, 유적들이 있다. 대표적인 것은 8세기 말에 조성된 원성왕릉(괘릉, 경주 소재)의 무인상이다. 이 무인상은 얼굴과 모습 등에서 서역인의 특징이 그대로 드러난다. 왕을 지키는 서역인, 아마 당시 서역인 중에는 신라에서 무사로 활약한 사람이 있었던 게 아닐까?

원성왕릉을 지키는 무인상. 큰 코와 움푹 들어간 눈, 덥수룩한 수염을 한 무인상의 얼굴에서 서역인(인도유럽계나 투르크계)의 모습을 찾을 수 있다.

그리고 경주 황남대총에서 출토된 유리그릇은 서아시아에서 출토되는 것과 비슷해 서역에서 전래된 것으로 여겨지고 있다. 미추왕릉 지구 3호분에서 출토된 상감옥 목걸이에는 서역인이 그려져 있기도 하다. 그 외에도 뿔잔, 보검 등 여러 유물들이 신라와 서역과의 교류를 증명하고 있다.

고대 동아시아의 큰손,
장보고

2011년부터 동아시아사 과목이 고등학교 역사 과목 중 하나로 신설되었습니다. 이전에는 국사(전근대사 중심), 한국근현대사, 세계사 등 세 개의 역사 과목이 있었는데, 한국사, 동아시아사, 세계사로 바뀐 것입니다. 동아시아사는 한국, 중국, 일본, 베트남이 중심 국가가 됩니다. 베트남의 경우 지리적으로는 동남아시아에 속하지만, 유교, 불교, 한자, 율령의 면에서 동아시아 문화권 내에 있었기 때문에 동아시아사의 중심 국가에 포함됩니다.

그런데 동아시아사는 이들 국가의 개별적인 역사를 강조하는 과목이 아닙니다. 동아시아 국가 간의 정치적, 경제적, 문화적 교류의 역사를 강조하지요. 이를 통해 오늘날 동아시아 국가 간의 문제를 해결하고, 미래

지향적인 동아시아를 만들기 위한 역사의 거울로 삼자는 취지입니다. 그래서 동아시아의 역사적 교류와 관련된 인물이나 사상, 문화유산은 이 과목의 중요한 소재가 되고 있습니다.

바로 그중의 한 인물이 장보고입니다. 동아시아사 과목을 가르칠 때 학생들에게 다시 한 번 재조명하게 되는 장보고, 그는 어떤 인물이었을까요? 그리고 그가 만든 청해진과 법화원은 동아시아 교류에 있어서 어떤 역할을 했을까요?

동아시아의 허브, 청해진과 장보고의 꿈
· · ·

장보고(?~846)는 통일 신라 시대의 유명한 인물이지요. 그의 출생과 성장에 대해서는 자세히 알려진 게 없습니다. 기록이 그리 많지 않기 때문입니다. 하지만 학자들의 연구에 힘입어 장보고의 활동과 업적이 계속해서 드러나고 있습니다. 무엇보다, 그에 대해 이야기할 때 청해진을 빼놓을 수 없을 것 같습니다. 청해진은 어떤 곳이었고, 이곳에서 장보고는 어떤 활약을 펼쳤을까요?

인천국제공항을 '동아시아의 허브'라고 표현하곤 합니다. 허브Hub는 지역, 시스템, 활동 등에 있어서 중심 혹은 가장 중요한 부분이 되는 것을 말합니다. 컴퓨터 용어로는 신호를 여러 개의 다른 선으로 분산시켜 내보내는 장치를 뜻하기도 하지요. 인천국제공항의 국제적 위상을 그대로 알려주는 단어가 바로 허브가 아닌가 싶습니다.

그런데 우리나라에서 동아시아 허브 역할의 원조는 청해진이라고 보

는 게 좋을 것 같습니다. 청해진은 장보고가 신라 흥덕왕에게 요청하여 설치한 군사방어 지역인 군진軍陣입니다.

청해 대사 궁복은 성이 장씨다. 일찍이 당의 서주로 건너가 군중소장이 되었다가 나중에 신라로 돌아와 흥덕왕을 만났고, 왕은 병졸 1만 명을 주고 청해진을 설치하도록 하였다. - 《삼국사기》

홍덕왕은 뭘 믿고 귀국한 장보고에게 병사를 1만 명이나 내주며 청해진을 설치하도록 허락하였을까요? 도대체 장보고가 어떤 사람이었기에 말이지요. 정확한 이유는 알 수 없지만, 장보고는 젊어서 당나라로 갔다고 합니다. 그곳에서는 말과 창을 다루는 능력이 출중하여 당나라 서주에서 그를 대적할 자가 없었다고 전해집니다. 그래서 당나라 서주 무령군의 군중소장이 되었지요. 신라 출신으로 당나라의 무관이 되어 이름을 떨친 것입니다. 하지만 장보고가 줄곧 군 관직에 있었던 것은 아닙니다. 그는 당나라에서 해상 무역가로 변신하여 크게 활약합니다. 그러던 그가 신라에 돌아와서 흥덕왕에게 청해진 설치를 건의한 것입니다.

흥덕왕은 장보고의 위상에 대해 전부터 알고 있었던 것 같습니다. 당나라에서 쌓은 군사적, 경제적 경험과 업적을 말이지요. 다시 말해 이미 여러 측면에서 검증되었다고 판단했을 것입니다. 그렇지 않고서야 1만 명에 이르는 병사를 내어줄 리 없겠지요. 특히 장보고의 이 말이 흥덕왕의 마음을 움직이는 결정적인 역할을 한 것으로 보입니다.

"중국의 어디를 가보더라도 신라인을 노비로 삼지 않은 곳이 없습니다. 이는 서남해안의 신라인들을 해적들이 끌고 가서 노비로 팔기 때문입니다. 이를 제가 막겠습니다."

당시 신라에게 해적은 꽤 골치 아픈 존재였습니다. 바다의 무역선은 물론 해안까지 올라와서 약탈을 일삼곤 했습니다. 그 과정에서 노비로 팔려가는 신라인들도 많았던 것이고요.

흥덕왕 입장에서는 신라의 그 같은 골칫거리를 장보고가 직접 나서서 해결해주겠다니 흡족했을 것입니다. 당나라에서 이름을 떨친 자가 자신의 신하가 되어 서남해안의 방어를 맡겠다고 하니 오히려 고맙게도 느꼈을 테지요.

장보고는 흥덕왕의 바람대로, 그리고 그의 약속대로 했습니다. 중국 기록에 따르면 장보고가 청해진을 설치해 해상을 방어하기 시작하면서 바다가 평온해지고, 신라인을 노비로 파는 일이 사라졌다고 합니다. 장보고가 바다를 주름잡으면서 해적들이 그를 두려워하게 된 것이지요.

이처럼 청해진은 군진, 다시 말해 서남해안을 방어하는 군사방어 기지 역할을 한 것으로 볼 수 있습니다. 하지만 이는 장보고가 청해진을 설치하고자 한 하나의 명분이었지요. 장보고에게는 청해진을 발판으로 삼은 야심찬 포부가 있었습니다. 청해진을 중국과 우리나라, 일본을 잇는 동아시아 무역의 중심지로 만들겠다는 계획이 그것입니다.

장보고는 이미 당나라에서 해상무역 활동으로 크게 이름을 떨친 바 있습니다. 어떻게 해야 무역에서 성공할 수 있는지 그 노하우를 잘 알고 있었을 것입니다. 그러한 그가 동아시아를 무대로 더욱 큰 꿈을 품었고,

청해진이 설치되었던, 완도 앞바다의 장도 전경과 그곳에서 발견된 건물 터. ⓒ 문화재청

그 시발점을 청해진으로 삼은 것이지요.

청해진은 오늘날 전라남도 완도 일대입니다. 학자들은 여러 사료를 토대로 장보고의 출신 지역이 완도 일대였던 것으로 보고 있습니다. 당연히 청해진이 설치된 완도 일대의 지형과 해상은 장보고에게 너무도 익숙했을 테지요. 이것이 바로 장보고가 청해진을 완도에 둔 첫 번째 이유일 것입니다.

두 번째, 완도는 해상 교통의 중심지 역할을 하기에 지리적으로 매우 좋습니다. 장보고는 동아시아 무역의 흐름을 꿰뚫어 보았습니다. 즉, 국제적인 문물이 크게 발달한 당나라 물품에 대한 신라와 일본의 수요가 많다는 것을 잘 알고 있었습니다. 반대로 신라와 일본 특산품에 대한 당나라와 그 주변국의 수요도 파악하고 있었지요. 또한 이들 나라 간의 무역 활성화를 위해서는 한반도 서남해안이 주요 항로가 될 것이고, 그 항로의 중심 길목이 바로 완도 일대라는 판단이었을 것입니다.

그래서 장보고는 주저 없이 완도를 자신의 꿈을 이룰 최적의 장소로 생각했습니다. 그런데 문제는 해적이었습니다. 서남해안에 들끓는 해적을 소탕하지 않으면 안 되었습니다. 안전 문제가 해결되지 않는 한 무역이 활성화될 수는 없기 때문입니다. 그래서 홍덕왕과 일종의 거래를 한 것이라 볼 수 있습니다. 청해진 설치는 홍덕왕과 장보고 모두에게 유리한 선택이었으니까요.

청해진을 동아시아의 허브로 만들겠다는 장보고의 야심찬 꿈은 하나하나 이루어져 갔습니다. 해적을 소탕한 이후 장보고는 본격적으로 무역가로서 활약했습니다. 그는 당나라의 자기, 보석 등을 싸게 구입해 일본에 팔았습니다. 이를 중계무역이라고 합니다. 마찬가지로 신라의 인기 있는 비단을 일본에 팔기도 하였습니다. 이슬람의 여러 물품들도 동아시아에 활발하게 유통되기 시작하였습니다. 9세기 무렵, 서역의 이슬람 상인들이 당나라 해안에 많이 몰려오곤 했지요. 장보고는 당나라를 통해서 혹은 직접 이들과 교역했습니다. 신라와 일본의 특산물을 당나라와 이슬람 상인들에게 팔고, 이들의 물건을 다시 신라와 일본에 파는 형태였지요. 이렇게 해서 장보고는 동아시아 무역의 큰손이 될 수 있었습니다.

장보고의 활약이 커질수록 청해진은 그에 걸맞은 무역 거점으로 더욱 발전했습니다. 물론 청해진이 군진으로 설치된 것은 맞습니다. 그에 맞는 시설도 갖췄지요. 하지만 장보고는 청해진을 그냥 군진으로 두지 않았습니다. 오늘날 청해진으로 추정되는 지역에 대한 유적지 발굴 성과가 이를 입증합니다.

청해진에서는 수많은 기와 파편들이 발견되었는데, 이 기와는 군사시설에 사용된 것으로 보기는 어렵습니다. 주로 귀족들의 건물에서 발견되는 것들이었지요. 그처럼 청해진에는 고급스러운 건물들이 많이 있었던 것으로 보입니다. 또한 수많은 사람들이 마실 수 있는 규모의 우물이 발견되었고, 제사를 지낸 것으로 보이는 사당의 흔적도 발견되었습니다. 이를 바탕으로 학자들은 청해진을 동아시아의 상인들이 와서 머물던 일종의 호텔 혹은 무역시장으로 보기도 합니다. 이 밖에 큰 배들이 드나들 수 있는 부두 시설의 흔적도 당시 무역 거점으로서 청해진의 규모를 잘 말해줍니다.

이 같은 여러 정황으로 보았을 때, 청해진은 9세기 무렵 동아시아의 허브로 불리기에 손색이 없었다고 할 수 있습니다. 청해진은 해상왕 장보고의 꿈이 그대로 실현되었음을 보여주는 하나의 작품과도 같은 곳이었지요. 하지만 무역 거점으로서 청해진은 오래가지 못하였습니다. 장보고가 신라 중앙정부에서 벌어진 왕위 다툼에 개입하면서 귀족들이 장보고를 견제하기 시작한 것입니다. 끝내 장보고는 한때 그의 부하였고, 중앙 귀족의 사주를 받은 염장에 의해 죽임을 당하였습니다.

장보고의 죽음 이후 기능이 점차 약해진 청해진은 그가 죽은 지 5년 뒤인 851년에 사실상 폐쇄되고 말았습니다. 그리고 그때의 청해진 모습은 사라지고 없습니다. 하지만 오늘날 완도에는 청해진의 유적과 장보고의 업적을 기리는 많은 상징물들이 있어 그 옛날의 영광을 돌아볼 수 있게 해줍니다. 아마도 완도 앞바다의 힘찬 바다 물결은 한때 동아시아 해상을 호령했던 장보고의 풍채를 기억하고 있지 않을까요?

신라와 당나라를 잇는 장보고의 루트

• • •

청해진은 해상왕 장보고의 야망이 현실화된 공간이었습니다. 그런데 청해진이 건설되기 전에 당나라에 머물던 장보고가 공들였던 게 또 하나 있습니다. 아니, 어쩌면 이것이 장보고가 청해진의 꿈을 꾸게 된 결정적인 계기가 되었는지도 모르겠습니다. 바로 법화원法華院입니다. 법화원은 장보고가 귀국해 청해진을 건설하기 전에 당나라 산동성 문등현 적산촌에 세운 절입니다.

삼국통일 이후 신라 사람들은 당나라로 많이 건너갔습니다. 당나라에서 중국 유학을 배우고자 한 유학생들도 있었고, 불법을 배우려는 유학승도 있었지요. 그 외에 당나라와의 무역을 통해 이익을 보려는 상인들도 있었습니다. 이로써 당나라에 장기간 머물거나 아예 당나라에 이주해서 사는 사람들이 많이 생겼지요. 그 결과 신라 사람들이 집단적으로 거주하는 지역이 양쯔 강 하류와 산둥반도를 중심으로 형성됩니다. 이를 신라방 또는 신라촌이라고 합니다. 오늘날 우리 동포들이 많이 살고 있는 코리아타운과 비슷하다고 보면 될 것 같습니다.

이처럼 집단 거주촌이 형성되면서 신라방의 여러 곳에 신라원이 세워졌습니다. 신라원은 신라 사람들을 위해 만들어진 절입니다. 바로 이 신라원 중의 하나가 장보고가 세운 법화원입니다. 그렇다면 장보고는 왜 법화원을 세웠을까요? 기본적으로 장보고의 불교 신앙이 독실했을 테지요. 그런데 당시의 불교는 오늘날의 여러 종교 중 하나인 불교보다 그 위상이 훨씬 높았습니다. 당나라 때에 이르러 동아시아 문화권이 성립되었고, 이 문화권을 구성하는 4대 요소가 유교, 불교, 한자, 율령이라고 했습니다. 다시 말해 불교는 그 당시 동아시아에 있어서 정치, 경제, 사회, 문화 등 모든 분야에 큰 영향력을 끼치는 종교였습니다. 그래서 장보고가 절을 세운 데에는 종교적인 신념도 있었겠지만, 그 외에도 다른 여러 가지를 고려했던 것으로 보입니다. 그렇다면 구체적으로 법화원은 장보고에게 어떤 의미였을까요?

아마도 신라와 당나라를 잇는 종교(문화)적, 경제적 거점이 아니었나 싶습니다. 먼저 이곳에 절이 세워지면서 신라에서 오는 많은 유학승들이 머물며 유학 준비 장소로 활용하였습니다. 장보고는 절을 운영하고 유학승들을 지원하기 위해 법화원에 상주하는 수십 명의 승려를 모셨습니다. 이곳에서는 신라의 불교 예법에 따라 여러 행사들이 진행되었습니다. 그리고 법화원에서 법회와 행사가 있을 때면 당에 머무는 신라인들이 대거 참여하기도 하였습니다. 법화원은 당나라 속의 작은 신라처럼 보였을 테지요.

그런데 법화원이 신라인만을 위한 폐쇄적인 절은 아니었습니다. 당나라는 국제적이고 개방적인 국가로 유명하지요. 당나라의 수도 장안은 오늘날 뉴욕과 비견될 정도로 외국인들이 많이 오는 국제도시였고, 장보고는 그러한 당나라에서 성공한 신라 사람이었습니다. 성향 자체가 매우 개방적이었지요. 법화원 역시 다른 나라 사람들에게 개방적이었습니다. 이는 일본 승려 엔닌圓仁의 사례를 통해서도 알 수 있습니다. 엔닌은 불법을 배우기 위해 당나라에 온 승려로, 훗날 일본 최초로 대사大師의 지위에 오르게 된 인물입니다. 그는 당나라에서의 순례 체험을《입당구법순례행기》라는 책에 담았는데, 여기에 장보고와 법화원에 대한 이야기가 나옵니다.

중국 산동 지방의 적산 법화원
앞에 세워진 장보고의 동상

아직 직접 뵈옵지는 못했으나 높으신 이름을 오래전부터 듣고 있었기에
우러러 존경하는 마음이 더해 갑니다. 봄이 한창이어서 이미 따사롭습니
다. 바라옵건대 대사의 존체에 만복이 깃들기를 기원합니다. …… 저 엔
닌은 오랫동안 품어온 뜻을 이루기 위해 당나라에 왔습니다. 부족한 이
사람은 다행히 대사께서 발원하신 법화원에 머물 수 있었던 것에 대해 감
사와 기쁨 이외에는 달리 표현해 말씀드리기가 어렵습니다. - 《입당구
법순례행기》

이 편지는 엔닌이 장보고에게 쓴 것입니다. 내용을 보더라도 장보고에게 얼마나 감사의 마음을 갖고 있는지 잘 알 수 있습니다. 엔닌은 견당사 선박을 타고 당나라에 불법을 배우러 왔습니다. 견당사는 당의 문물 등을 배우고 얻기 위한 일본의 공식 사절단이었지요. 그렇게 당나라에 온 엔닌은 천태종의 발상지인 천태산을 순례하기를 원했습니다. 하지만 당나라에서 허가서를 발급해주지 않았습니다. 천태산 순례는 아주 오래 걸리는데, 일본의 견당사가 다시 돌아가는 날까지 엔닌의 순례 일정이 끝나지 못할 것 같았기 때문입니다.

엔닌은 결국 천태산 순례를 포기하고 일본으로 돌아가려고 하였습니다. 하지만 뜻하지 않은 풍랑을 만나는 등 귀국도 어렵게 되었습니다. 그래서 어떻게 해서든 천태산 순례를 할 수 있는 방법을 모색해보았지만, 그러면 그럴수록 상황은 더욱 악화되어 결국 떠도는 신세가 되고 말았습니다. 그러던 차에 엔닌은 법화원까지 오게 되었습니다. 그에게 행운이 찾아온 것이지요.

엔닌은 법화원 승려들의 도움을 받으며 법화원에 계속 머물렀습니다. 그리고 오대산이 천태산 못지않게 천태종을 배울 수 있는 좋은 곳이라는 사실도 알게 되었습니다. 이후 엔닌은 법화원의 도움으로 당나라로부터 여행허가서를 받았고, 오대산 순례를 하며 훌륭한 고승들을 많이 만날 수 있었습니다. 그 뒤로 당나라의 수도인 장안 등에 머물며 우여곡절을 겪기도 했지만, 또다시 법화원의 도움을 받아 일본으로 무사히 돌아갈 수 있었지요. 결국 엔닌이 당나라에서 성공적으로 불법 순례를 할 수 있었던 것은 장보고와 법화원의 도움 덕분이었습니다. 그렇지 않았더라면 사실상 불가능한 일이었지요. 장보고에 대한 엔닌의 진심어린 편지는 바로 그 때문이었습니다.

엔닌의 사례를 통해 당시 장보고와 법화원의 위상이 대단했음을 알 수 있습니다. 그렇게 어려웠던 당나라에서의 순례가 장보고를 통해 가능해진 것입니다. 당나라에서 엔닌에게 여행 허가를 내준 것은 사실상 장보고의 법화원이 보증을 서주었기 때문이라고 할 수 있습니다.

장보고는 법화원을 당나라로 가는 종교(문화)적, 경제적 교두보로 삼았습니다. 다시 말해 청해진에서 법화원, 그리고 법화원에서 당나라로 이르는 장보고의 루트(길)가 아주 탄탄하게 구축된 것이지요. 시간이 갈수록 법화원의 역할은 커졌고, 많은 사람들이 법화원을 장보고의 영향력 아래에 놓인 작은 신라로 여기게 되었습니다.

법화원은 보통의 평범한 절이 아니었습니다. 청해진과 함께 장보고가 이룩한 동아시아 네트워크의 핵심 시설이었지요. 법화원의 설립과 운영은 장보고가 그 시대 동아시아의 정치, 경제, 사회, 문화를 꿰뚫은 통찰력을 가진 인물이었음을 보여주는 좋은 사례라 할 것입니다. ♣

일본 사상사에
큰 영향을 끼친 한국인들

　일본은 일제강점기에 식민사관을 주입하는 과정에서 우리 민족을 타
율적이고 무능력한 민족으로 보았습니다. 심지어 역사적으로 한반도의
사람들이 일본을 따르고 섬겼다는 식으로 억지 주장을 일삼곤 했지요.
어쩌면 이후에도 그러한 역사 인식이 면면이 이어져 왔는지 모릅니다.
하지만 그와 반대라면 몰라도 그들의 주장은 정말 허무맹랑하기 그지없
습니다. 대륙에서 동떨어진 섬나라 일본은 예로부터 바다 건너 우리나
라에서 여러 문화를 수용하고 영향을 받았기 때문입니다. 그러면서 일
본이 추앙하던 우리나라의 사상가들도 여럿 있었지요.

　근대 이전 시대에 우리나라의 정치, 사회, 문화 등에 가장 큰 영향을
끼친 사상(혹은 종교)은 누가 뭐래도 불교와 유교일 것입니다. 불교는 삼국

시대부터 고려 시대까지, 유교(성리학)는 조선 시대의 중심 사상이었지요. 이것들은 외래 사상이었지만 우리나라에서도 크게 발달하였습니다. 그 결과 위대한 사상가들이 적지 않게 등장하였는데, 그중에서 불교의 원효, 성리학의 강항에 대해 들려드리고자 합니다. 그들의 사상과 일본과의 관계에 대해서 말이지요.

일본 불교계의 추앙을 받은 원효의 사상
• • •

원효(617~686)는 의상과 함께 신라를 대표하는 승려로 잘 알려져 있습니다. 특히 그는 불교 대중화에 힘썼고, 그로 인해 귀족 중심의 불교가 일반 백성에까지 널리 퍼져나가는 계기가 되었습니다. 그런데 원효의 사상이 일본 불교에 큰 영향을 끼쳤고, 원효 또한 일본에서 높이 추앙받았다는 사실은 상대적으로 잘 알려지지 않은 듯합니다.

원효의 사상을 언급하기 전에 그가 의상과 함께 중국으로 가다가 되돌아왔다는 이야기부터 해야 할 것 같습니다. 왜냐하면 원효의 사상적 근원을 이해하는 데에는 가장 중요한 사례라 할 수 있기 때문입니다.

원효는 두 차례 중국으로 가다가 도중에 멈춘 적이 있습니다. 첫 번째는 고구려 국경을 통해 가려다가 체포되면서 실패로 끝났습니다. 두 번째는 뱃길을 통해 가려다가 중간에 되돌아오게 됩니다. 이때는 원효 스스로 발길을 돌리게 되었지요. 이 두 번째 시도가 우리에게 많이 알려진 이야기입니다. 해골 안의 물을 마시고는 깨달음을 얻었다는 일화 말이지요. 오늘날 전하는 책에 따라서 내용이 조금씩 다르지만 간추려보면 다음과 같습니다.

원효와 의상은 중국으로 가는 도중에 동굴에서 하룻밤을 지내게 되었습니다. 그런데 원효가 잠결에 갈증을 느껴 물을 찾다가 마침 옆에 고여 있는 물을 마시게 됩니다. 갈증이 심했던 터라 그 물맛은 정말 달았지요. 그리고 다음날 아침, 원효는 간밤에 마셨던 게 해골에 고인 물이라는 사실을 알았습니다. 구토가 끝없이 나왔지요. 바로 그때 원효는 깨닫습니다.

"분별하는 마음이 일어남으로써 여러 사물이 생겨나고, 그 마음이 사라지면 함께 사물도 사라지는구나."

세상의 모든 일은 마음이 지은 것이고, 마음을 어떻게 짓느냐에 따라 달라질 수 있다는 사실을 원효는 알게 됩니다. 모든 것을 마음에서 구하면 되는데 마음 밖에서 무언가를 찾으려는 자신의 모습이 잘못되었음을 깨달은 것이지요. 이른바 일심사상一心思想입니다. 그래서 굳이 중국까지 가서 불법을 연구할 필요가 없다고 판단하고는 원효는 그길로 발걸음을 돌립니다.

물론 해골의 물을 마신 이야기는 단지 설화일 뿐이라는 주장도 있는 게 사실입니다. 그렇다고 하더라도 원효가 마음에서 깨달음을 얻었다는 사실이 있었기에 해골 이야기도 나올 수 있었을 것입니다. 이처럼 원효는 마음에서 일어나는 것을 불법의 핵심으로 이해하고 불법 연구에 매진하였습니다. 그리고 그와 관련된 많은 저술을 남겼지요.

원효의 사상은 8세기 무렵에 승려 심상을 통해 일본에 전해지기 시작합니다. 그리고 훗날 원효의 사상이 일본에 큰 영향을 끼쳤다는 사실을 보여주는 사례들이 속속 드러납니다.

원효의《금강삼매경론》강설 모습이 담긴 〈화엄연기〉의 한 부분이다. 이 두루마리에는 원효가 토굴에서 귀신의 꿈을 꾸고 진리를 깨닫는 이야기 등이 그림으로 묘사되어 있다.

먼저 〈화엄연기〉라는 두루마리 그림이 있습니다. 일본의 국보이기도 합니다. 이 그림은 가마쿠라 막부 시대의 일본 승려 묘에가 그린 것으로, 원효의 행적이 그림 속에 잘 나타나 있습니다. 묘에는 일본 화엄종의 대가였는데, 그림을 보면 그가 얼마나 원효의 사상에 매료되었는지 잘 알 수 있습니다.

더 놀라운 것은 일본에서 발견된 원효의《판비량론判比量論》입니다. 우리나라에도 전해지지 않는 원효의 책이 일본에서 발견된 것이지요. 이 책의 발견은 참으로 극적이었습니다. 1967년 도쿄에 한 거리에서 엿장수가 엿을 팔고 있었습니다. 그런데 이곳을 지나던 어느 학자의 눈에 무언가가 띄었습니다. 엿장수가 책에서 뜯은 종이에 엿을 싸서 팔고 있었는데, 그 책이 범상치 않아 보였기 때문입니다. 학자가 엿장수에게 책을 얻어 분석해본 결과 바로《판비량론》이었습니다. 당시에 발견된 책은 8

세기에 필사한 것이었고, 원본 분량의 8분의 1 정도만 남아있었지만 그 가치는 정말로 대단했습니다.

《판비량론》은 불법에 대한 원효의 자신감을 그대로 드러낸 책이라 할 수 있습니다. 단순히 불법을 정리하고 풀이한 것이 아니라 논서論書였습니다. 이 책은 불교 인식논리학의 체제를 밝히는 매우 중요한 저술로, 불법에 대한 정확한 지식과 이해를 바탕으로 한다는 점에서 예사로 쓸 수 있는 책이 아니라는 평가를 받고 있습니다.

그런데 《판비량론》과 관련해 놀라운 사실이 또 하나 있습니다. 이 책은 당나라 승려 현장의 불교 교리 해석을 논리적 비판 대상으로 삼았는데, 여기서 불교 교리에 대해서 깊이 논하지는 않겠습니다. 내용이 심오해서 전문적인 지식 없이는 소개하는 사람도 듣는 사람도 어려운 것은 매한가지이기 때문입니다. 다만 현장이 어떤 사람인지에 대해서는 짚어볼 필요가 있습니다. 중국 역사의 대표적인 승려를 꼽으라면 아마 현장이 몇 손가락 안에 들 것입니다. 당나라 승려였던 현장은 불경을 구하기 위해 직접 인도를 다녀왔습니다. 그렇게 가져온 불경을 해석하고 정리하는 등 많은 업적을 남겼지요. 손오공이 나오는 중국 소설 《서유기》가 있습니다. 거기에 삼장법사가 나오는데, 그 삼장법사는 현장을 떠올려 만든 캐릭터라고 합니다. 그만큼 현장은 중국의 위대한 승려였지요. 중국은 물론 동아시아의 많은 승려들이 그의 가르침을 얻기 위해 중국으로 향하기도 하였습니다. 그야말로 그 당시 동아시아의 불법 연구에 있어서 절대지존이라고 할 수 있는 승려가 현장이었습니다.

그런데 원효는 그 같은 현장의 명성과 권위에 주눅 들지 않았습니다. 현장의 위대한 불법 연구에 대해 존경을 표하기는 했습니다. 하지만 자

《판비량론》 필사본. 현존하는 유일한 판본으로 일본 오타니 대학에서 소장하고 있다.

신이 생각하기에 논리적 타당성이 떨어지는 부분에서만큼은《판비량론》을 통해 과감히 지적하고 비판했습니다.

현장의 사상을 비판적으로 바라본 원효에 대해 주변에서는 어떠한 반응이었을까요? 아마 중국에서는 원효를 비판하지 않았을까요? 자신들이 추앙하는 현장을 비판했으니 말이지요. 물론 원효를 비판하는 승려도 있었을 것입니다. 하지만 당시 많은 승려들은《판비량론》을 쓴 원효에 대해 진나(6세기 인도 승려로 유명한 불교 사상가)가 환생했다고 말할 정도였습니다. 또 하나의 예로는, 송나라 때 승려 찬녕이 쓴《송고승전》이라는 책이 있습니다. 당나라부터 송나라 때까지 역사적으로 유명한 승려의 일대기를 정리한 책이지요. 원효는 여기에도 실려 있습니다. 단지 실린 정도가 아니라 그에 대한 극찬이 이어졌습니다. 함께 실린 다른 승려들에 대한 평가와 비교해보면 월등하다고 느껴질 정도입니다. 그만큼 중국 사람들이 원효에 대해 현장을 비판한 승려라기보다는 위대한 승려로서 기억하고 있다는 방증인 것입니다.

한편 일본에서 원효와 그의 사상에 대한 반응은 가히 폭발적이었습니다.《판비량론》이 한국, 중국도 아닌 일본에서 발견되었다는 사실만으로도 이를 알 수 있습니다. 그것이 어떻게 해서 엿장수 손에 들어갔는지는 알 수 없지만, 일본의 거의 모든 종파에서 《판비량론》을 마치 교과서처럼 활용했다고 할 만큼 원효와 그의 사상은 큰 영향력을 미쳤습니다.

지금까지 우리가 알고 있는 원효라는 인물의 테두리는 너무도 좁지 않았나 싶습니다. 이제는 시야를 조금 더 넓혀야겠습니다. 일본 불교 사상에 큰 영향력을 미친 원효, 나아가서 동아시아 불교사에 큰 획을 그었던 인물로서 원효를 기억하면 좋겠습니다. 그리고 한 가지 더, 원효에 대해 해골 물을 마신 일화보다는 현장의 불교 교리 해석을 비판한 《판비량론》을 먼저 떠올렸으면 하는 바람도 가져봅니다.

강항, 일본 성리학의 뿌리를 내리다
• • •

일본 에히메 현의 소도시 오즈大洲에는 강항 현창비가 세워져 있습니다. 그 옆의 안내문에는 이러한 글이 적혀 있습니다.

'일본 주자학(성리학)의 아버지, 유학자 강항'

강항은 어떤 인물이었을까요? 그리고 일본에서는 왜 그를 일본 주자학의 아버지라고 부른 것일까요?

강항(1567~1618)은 조선 시대의 선비였습니다. 그는 1593년에 과거에 급제해 한양에서 근무하였습니다. 그러다가 1597년에 휴가차 고향인 전라도 영광에 내려오게 되었는데, 이 무렵 왜군이 조선을 다시 침입해왔습니다. 정유재란이 일어난 것이지요. 이에 강항은 바로 전쟁에 뛰어들었습니다. 그의 역할은 전라도의 군량미 등 군수품을 조달하는 것이었습니다. 하지만 엄청난 병력의 왜군이 남원성을 함락하는 등 기세

오즈시민회관 앞에 있는 강항 현창비

를 떨쳤고, 이 과정에서 강항은 왜군의 포로가 되고 말았습니다. 그리고 일본으로 끌려갔습니다. 강항은 쓰시마 섬을 거쳐 오즈성까지 이송되었는데, 여러 번의 탈출 시도에도 불구하고 다시 잡혀오곤 했습니다. 그러다가 교토로 옮겨지면서 그의 포로 인생에 반전이 일어납니다.

강항이 교토에 오자 그를 만나기 위해 후지와라 세이카라는 승려가 찾아왔습니다. 성리학에 대해 관심이 많은 승려였지요. 당시 일본에서 지식인들은 대개 승려였습니다. 그래서 승려 중에는 조선과 중국에서 크게 발달한 성리학에 관심을 갖는 승려들이 나오기 시작했습니다. 특히 임진왜란 이전에 조선의 사신들을 통해 접하게 된 성리학의 심오한 이치는 그들에게 학문적 호기심을 크게 불러일으켰습니다.

후지와라는 강항에게 성리학을 배우기를 원했습니다. 강항은 그 어렵다는 조선의 과거에 급제한 사람이었습니다. 기본적으로 과거 급제는 학문적 수양이 최고 수준에 이르러야 가능했지요. 게다가 강항은 퇴계 이황의 성리학에 정통한 그의 형에게 성리학을 배우기도 했습니다. 이 정도 되면 조선의 어느 학자 못지않은 성리학 실력을 갖췄다고 해도 지나치지 않을 것입니다.

후지와라는 강항과의 학문적 교제를 제안했습니다. 강항은 처음에는 조심스러웠지만, 그를 가르치면서 탈출 자금을 마련할 수도 있다는 생각에 이내 승낙했습니다. 어차피 포로 생활 중에 그가 할 수 있는 일은 극히 제한적이었고, 일본의 전통 학문이 아니라 성리학을 통한 교제이니 마음속으로는 후지와라의 제안이 반가웠을지도 모릅니다.

두 사람은 말이 통하지 않았지만, 필담을 통해 서로의 생각을 나누었습니다. 강항은 후지와라에게 조선의 과거제도와 성리학에 대해 알려주었습니다. 또한 그의 부탁으로 경서經書를 써주기도 했습니다. 그 밖에 조선의 의례복을 만들어 성리학 의식을 가르쳐주거나, 공자 묘를 세우는 데도 도움을 주었습니다. 후지와라에게는 이 모든 것이 새로웠고, 강항의 학문적 소양에도 놀라움을 금치 못했습니다.

강항의 그 같은 도움에 힘입어 후지와라 세이카는 일본 성리학 역사에 큰 업적을 남기게 됩니다. 바로《사서오경왜훈》을 집필한 것입니다. 이 책은 성리학을 공부하는 사람이라면 누구나 꼭 봐야 할 사서오경을 일본의 발음과 뜻으로 해석한 책입니다. 일본 최초의 주자 주석본이라고 할 수 있지요.

후지와라 세이카에게 성리학을 전수해준 강항은 그야말로 성리학의 대가로 추앙받기 시작했습니다. 그리고 1600년에는 후지와라 세이카 등의 도움으로 조선에 돌아올 수 있었습니다. 이후 강항은《간양록》을

전남 영광에 있는 내산서원內山書院 전경. 강항을 추모하기 위해 세운 서원으로
동상과 함께 왼쪽 산기슭에는 그의 묘소가 있다.

지어 포로 생활을 하며 보고 들은 것을 남기기도 하였습니다.

한편 강항이 돌아간 뒤에 일본의 성리학은 어떻게 되었을까요? 강항
이 뿌리를 내려준 일본 성리학은 그가 돌아간 후에 본격적으로 줄기가
세워지고 꽃을 피우게 되었습니다. 후지와라 세이카는 그의 제자인 하
야시 라잔에게 자신이 배운 성리학을 전수하였습니다. 하야시 라잔은
이를 일본 정치에 실제로 적용하였지요. 1603년, 일본에서는 도쿠가와
이에야스를 쇼군으로 하는 에도 막부가 들어섰습니다. 새롭게 막부를
연 도쿠가와는 국가 기강과 통치 질서를 세우는 일이 무엇보다 중요했
습니다. 바로 그에 대한 사상적 바탕을 하야시 라잔이 제시한 것입니다.

왜군의 포로가 되었던 시기의 체험을 기록한 《간양록》 필사본

위로는 하늘이 있고 아래로는 땅이 있다는 사실 자체가 곧 천지天地의 예禮를 나타냅니다. 실상 인간은 이 천지의 예를 태어날 때부터 지니고 있는 것입니다. 따라서 인간 세계는 모든 것이 상하 관계 또는 전후 관계로 이루어지게 마련입니다. 이러한 진실을 인정하고 세계를 예의 마음으로 꼭 채운다면 군신君臣 관계가 어지럽지 않고 그에 따라 마땅히 인간 사회 또한 평화롭게 안정될 것입니다. – 하야시 라잔, 《삼덕초》

하야시 라잔의 이 같은 주장은 성리학적 세계관과 맥을 같이 합니다. 세상에 하늘과 땅이 있는 것처럼 사람도 위아래가 명확히 구분되어야 한다는 것이지요. 에도 막부 입장에서는 국가를 통치하는 데 있어서 이

보다 마음에 드는 사상은 없었습니다. 이렇게 하야시 라잔은 성리학을 바탕으로 에도 막부의 제도와 의례를 정비하는 데 큰 역할을 했습니다. 그 과정에서 에도 막부의 통치 기강도 확립되었지요.

이처럼 강항이 전수한 성리학은 후지와라 세이카에게 전해지고, 그의 제자 하야시 라잔을 통해 에도 막부의 초기 통치체제 정비에 큰 영향을 끼쳤습니다. 그런 이유로 오즈에 강항 현창비가 세워질 수 있었던 것입니다.

사실 강항이라는 유학자는 우리에게 다소 낯선 게 사실입니다. 그가 일본 성리학의 뿌리를 내리는 데 큰 공헌을 했다는 사실은 더욱 생소하겠지요. 일본의 어느 초등학교 교과서에는 강항이 나오기도 하는데, 그에 비하면 우리나라에서 강항은 너무도 알려지지 않았습니다.

그나마 다행인 것은 2011년부터 동아시아사 과목이 신설되면서 '동아시아의 성리학' 단원에 강항이 비중 있게 나온다는 사실입니다. 동아시아사 과목이 국가 간의 교류를 중요하게 다루다 보니, 일본에 대한 강항의 역할이 부각되는 것이지요. 다만 동아시아사는 선택 과목 중 하나입니다. 그래서 고등학교 때 선택하지 않으면 강항에 대해 제대로 배우지 못할 수도 있다는 게 아쉽습니다. 조선 시대에는 이황과 이이를 비롯해 위대한 성리학자들이 많습니다. 그들의 훌륭한 업적도 널리 알려져야겠지요. 하지만 일본 성리학에 큰 영향을 끼친 강항에 대해서도 알려질 기회가 좀 더 많았으면 좋겠습니다. 최소한 일본인들이 아는 강항을 우리나라 사람들이 모르면 안 되니까요. ♣

눈이 멀어서도 일본으로 향한 승려, 감진

원효는 동아시아, 특히 일본의 불교 사상에 영향을 주었는데, 그 외에 동아시아의 다른 나라 승려들도 많은 활약을 하였다. 불교는 동아시아 문화권의 4대 요소 중 하나로 평가받는다. 그래서 승려들의 이동과 교류는 그 시대의 사상과 문화 발전에 많은 영향을 끼칠 수밖에 없었다. 그중 대표적인 승려가 당나라의 감진이었다.

감진은 천태종에 굉장히 밝은 승려였다. 견당사로 왔던 일본인들은 감진에게 일본에 와서 계율을 가르쳐주기를 간곡하게 청했다. 이에 감진은 일본에 가기로 마음먹지만 뜻하지 않은 장애물이 있었다. 하나는 사람이요, 하나는 자연이었다.

먼저 감진의 제자들이 그가 일본에 가는 것을 원하지 않았다. 배편으로 가다가 사고가 날 수도 있었고, 한번 가면 다시 돌아오지 못할 수도 있었다. 제자들은 감진이 지금처럼 당나라에 머물며 오랫동안 가르침을 주기를 바란 것이다. 그런 이유로 알게 모르게 감진의 일본행을 방해하였다. 그럼에도 불구하고 감진은 일본으로 향했다. 하지만 이번에는 폭풍우로 인해 배가 난파되면서 표류하였고, 그 과정에서 감진이 실명하는 불상사가 생기기도 하였다.

감진의 일본행은 모두 다섯 차례나 실패하였다. 하지만 그는 눈이 먼

감진화상 좌상. 일본의 현존하는
가장 오래된 초상 조각으로 국보
로 지정되어 있다.

상황에서도 또다시 일본행에 나섰고, 마침내 성공하였다. 감진은 일본
인들에게 불교 계율을 가르치면서 존경을 한 몸에 받았다. 더욱이 계율
뿐 아니라 미술, 건축, 의약 분야도 전파하는 등 일본의 문화 발전에 크
게 기여했다.

　동아시아의 사상과 문화 발전에 공헌한 승려는 감진 외에도 많다. 베
트남의 승려로 당나라에서 고승으로 추앙받은 다이 탕당, 바닷길로 인
도에 가서 중앙아시아를 거쳐 당나라로 들어오는 오랜 불법佛法 여정을
통해 얻은 지식을 《왕오천축국전》으로 정리한 신라 승려 혜초 등이 대
표적이라 할 수 있다.

화약과 목화는
쉽게 들여온 게 아니었다

역사적으로 외국과 교류하면서 경제, 문화 등의 방면에서 우리 것이 다른 나라에 전파되는 경우를 여럿 볼 수 있습니다. 이러한 것들은 역사 교과서에서 의미 있게 다루어지는 편이지요. 물론 외국에서 전래(수입)되어 우리나라의 정치, 경제, 사회, 문화에 큰 영향을 끼친 것 또한 우리 역사에서 비중 있게 다루어집니다. 유교와 불교가 대표적인 예라고 할 수 있습니다.

그런데 외국 전래물 중에 조금 더 설명이 되었으면 하는 것들이 있습니다. 고려 말에 중국에서 들여온 화약과 목화가 그것입니다. 이것들이 우리나라에 끼친 영향은 많이 알려져 있습니다. 화약 무기가 개발되면서 군사기술이 발전하고, 목화의 보급은 의생활의 변화를 가져왔지요.

그런데 그 뒤에 숨은 이야기들, 즉 화약과 목화가 수입되는 과정에서 기울였던 노력에 대해서는 아는 사람이 그리 많지 않은 것 같습니다. 단지 수입한 것이 아닌, 우리 조상들의 노력의 산물로 봐야 하는 화약과 목화에 대해서 말이지요.

과학자이자 무관이었던 최무선의 집념
• • •

화약은 중국의 세계적인 4대 발명품 중 하나로 손꼽힙니다. 그만큼 화약은 인류에게 큰 영향을 끼쳤지요. 중국에서 화약은 10세기 무렵에 만들어졌다고 합니다. 그리고 송나라 때에 이르러 본격적으로 무기에 활용되었습니다. 화약 무기는 대단한 위력을 지닌 군사기술이었기에 중국에서는 화약 제조법의 비밀을 유지하고자 애썼습니다. 그러다 보니 다른 나라에서 화약을 제조하는 것은 결코 쉬운 일이 아니었지요. 우리나라는 고려 시대에 최무선이 화약을 제조하게 됩니다. 과연 최무선은 어떻게 화약 제조에 성공할 수 있었을까요?

최무선(1325~1395)은 화약 제조의 필요성을 절실하게 느꼈습니다. 여러 이유가 있었겠지만, 직접적으로는 일본의 해적인 왜구 때문이었습니다. 왜구는 고려에게 굉장히 성가신 존재였습니다. 아니, 매우 위협적인 존재였다고도 할 수 있지요.

왜구는 고려를 약탈의 대상으로 삼았습니다. 특히 서해안과 남해안 일대를 중심으로 쌀과 재물을 닥치는 대로 약탈하였지요. 왜구로 인한 문제는 실로 심각했습니다. 가장 큰 문제는 그들의 잔인함이었습니다.

약탈을 위해 그들에게 사람 목숨은 그리 중요한 게 아니었습니다. 예를 들어 강화도까지 온 왜구는 약탈 과정에서 무고한 주민 3백여 명을 학살하기도 했습니다. 노인, 여자, 아이 구분할 것 없이 살인과 방화를 일삼았지요.

사실 왜구는 무서울 게 없었습니다. 해상 활동에 능한 그들은 육지에 올라와 약탈하고는 재빨리 바다로 돌아갔지요. 심지어 고려의 수도인 개경 부근까지 왜구가 들어오기도 했습니다. 왜구에 의한 피해 중에는 조운선 약탈도 큰 문제였습니다.

왜선 1백여 척이 순천부(오늘날 전남 순천시)를 침구해 남원, 구례, 영광, 장흥 등지의 조운선을 약탈했다. - 《고려사》

조운선은 수도 개경으로 조세를 운반하는 배를 말합니다. 전국 각지에서 거둔 쌀과 특산물 중심의 세금이 각 지방의 조창을 거쳐 조운선으로 개경에 올라오는 것이지요. 이러한 조세는 곡창지대인 삼남지방(경상도, 전라도, 충청도)에서 대량으로 올라오는데, 왜구가 이 일대의 조운선을 약탈한 것입니다. 왜구의 조운선 약탈은 국가적으로 굉장히 심각한 문제였습니다. 국가 재정 운영은 세금을 기반으로 합니다. 그런데 왜구의 약탈로 세금 징수가 크게 줄면 국가의 재정 여력이 그만큼 열악해지기 때문입니다. 예컨대 국방비에 들어갈 예산의 감소는 국방력 약화로 이어지고, 이는 외세 침략의 빌미가 될 수도 있지요.

이러한 왜구 문제를 누구보다 잘 알았던 최무선이었습니다. 고려 정부에서 왜구의 침략을 막기 위해 다방면으로 노력하고는 있었지만, 그는 조금 더 강력한 조치가 필요하다고 생각했습니다. 그래서 결론을 내린 것이 바로 화약 무기의 개발이었습니다. 중국처럼 화약을 이용한 무기를 만들면 왜구를 격퇴하는 데 큰 도움이 될 것이라고 믿었지요.

문제는 화약을 제조하는 일이었습니다. 앞서 언급했듯이 화약 제조법은 중국에서 극비리에 다루어졌습니다. 그런 이유로 최무선은 무엇보다 화약 제조법을 아는 중국인을 찾는 게 가장 우선할 일이라고 판단하였습니다.

최무선은 고려의 최대 무역항이었던 예성강 하구의 벽란도를 중심으로 화약 제조법을 아는 사람을 수소문하였습니다. 하지만 비밀리에 다루어지는 제조법을 아는 사람을 찾는 것은 그야말로 모래사장에 떨어진 바늘을 찾는 것과 크게 다르지 않았습니다. 그래도 최무선은 포기하지 않았습니다. 화약 제조에 대한 정확한 지식을 갖고 있지 않더라도 이에 대해 조금이라도 알고 있으면 묻고 또 물었습니다.

한편으로 최무선은 화약 제조에 관한 연구를 거듭하였습니다. 스스로 화약을 제조해보기도 하였습니다. 하지만 화약을 만드는 데 반드시 필요한 원료인 염초(질산칼륨)를 만드는 것에 실패하였습니다. 최무선은 염초가 화약 제조의 관건이라고 판단하고, 다시 염초를 만들 수 있는 사람을 찾아 나섰습니다. 그렇게 몇 년을 고생하다가 드디어 '이원'이라는 중국 사람을 만나게 되었습니다.

이원이 어떤 인물인지에 대해서는 확실하지 않습니다. 고려와 중국을 활발히 오가며 갖가지 정보를 가진 상인 정도로 알려져 있지요. 그가 화약 제조법을 정확하게 알고 있지는 않았습니다. 다만 최무선이 이제껏 만난 사람보다는 화약 제조 기술에 대해 월등히 해박했지요. 하지만 이

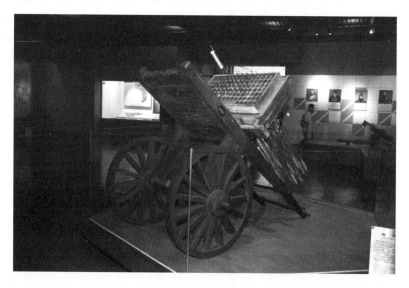

한 번에 100여 발의 화살을 발사할 수 있는 신기전神機箭 화차. 고려 말에 최무선이 제작한 무기를
조선 세종 때 개량했다. ⓒ doopedia

원은 자신의 지식을 가르쳐주기 꺼려했습니다. 괜히 다른 나라 사람에게 알려주었다가 큰 화가 미칠 수도 있었기 때문이지요. 이원의 그 같은 처지를 잘 알고 있는 최무선은 그의 마음을 얻기 위해 노력하였습니다. 자신의 집에 초대하여 숙식을 제공하기도 하는 등 극진히 대접한 것입니다.

마침내 이원의 마음이 열렸습니다. 그는 최무선에게 자신이 알고 있는 염초 제조 방법을 하나하나 알려주었습니다. 이에 최무선은 바로 실험에 들어갔고, 마침내 염초를 만드는 데 성공하였습니다. 염초는 화약의 핵심 원료로, 염초를 만들었다는 것은 화약 제조에 90퍼센트 이상 다가갔다는 것을 의미합니다. 이제 화약을 만들 차례였습니다. 화약은 염초와 유황, 숯을 잘 배합해 만들어야 했습니다. 실험에 실험을 거듭한 끝에 최무선은 드디어 화약 만드는 방법도 알아냈습니다.

최무선은 한시라도 빨리 화약을 생산해 왜구를 비롯한 외세의 침입을 격퇴하는 데 쓰고 싶었습니다. 하지만 대량의 화약과 무기 제조를 개인이 할 수는 없었지요. 그래서 고려 조정에 화약과 화약 무기를 만드는 전문 관청의 설치를 건의하였습니다. 처음에는 반신반의하던 조정도 최무선이 화약의 위력을 보여주자 그의 건의를 받아들이기로 하였습니다. 그렇게 해서 1377년에 설치된 것이 화통도감이었습니다. 물론 화통도감의 책임 역할은 최무선이 맡았습니다. 최무선의 활약 속에 화통도감에서는 여러 화약과 무기들이 제조되었습니다.

이후 그렇게 만들어진 고려의 화약 무기들이 본격적으로 활용되기 시작하였습니다. 1380년 왜구가 500여 척의 대규모 선단을 이끌고 진포(오늘날 금강 하구 일대)를 거점으로 삼아 침략해왔습니다. 엄청난 규모의 침

군산 진포대첩비 앞의 최무선 동상. 진포대첩은 우리 역사에서 화포를 사용해 승리한 최초의 해전이다. ⓒ 한국지역진흥재단

략에 그 피해는 상상을 초월했습니다.

고려 조정은 최무선을 부원수로 임명하고 화약 무기로 맞서 싸우라는 명을 내렸습니다. 왜구에 맞서는 고려의 군선은 100여 척이었고, 이는 왜구의 5분의 1 수준이었습니다. 하지만 고려군에게는 화약 무기가 있었습니다. 왜구의 배를 향해 포탄과 불화살이 쏟아졌습니다. 왜구는 크게 당황하였지요. 왜냐하면 고려의 군선과 육지에서 쏘는 포탄이 멀리 바다 위에 떠있는 배까지 날아왔기 때문입니다. 고려군의 포탄 사거리가 자신들의 배까지는 미치지 못할 것이라 생각했는데, 막상 그 위력은 엄청났던 것이었습니다.

배가 불타며 바다에 빠져 죽은 왜구의 숫자는 셀 수 없을 정도였습니다. 육지에 있던 왜구들은 자신들이 타고 갈 배가 불타자 산속으로 숨기 바빴지요. 이렇게 해서 최무선은 진포에서 왜구를 크게 무찌를 수 있었습니다. 이를 진포해전이라고 합니다.

진포해전에서 고려가 승리할 수 있었던 가장 중요한 요인은 누가 뭐래도 화약 무기였습니다. 왜구가 전혀 예상하지 못했던 무기였지요. 그런데 당시에 사용되었던 포탄은 오늘날 일반적으로 생각하는 포탄이 아니었습니다. 흔히 포탄은 내부의 화약이 함께 터지면서 엄청난 파괴력을 갖지요. 하지만 진포해전 때는 그냥 쇠 포탄이었습니다. 포탄이 터지는 것이 아니라, 화약의 추진력으로 쇠 포탄을 엄청나게 멀리 쏘는 것이었습니다. 화약과 함께 터지는 포탄은 조선 시대에 가서야 만들어집니다.

쇠 포탄이라고 해서 위력이 없었던 것은 아닙니다. 그랬다면 승리도 불가능했겠지요. 화약의 추진력을 이용한 포탄 사거리는 매우 길었고, 쇠 포탄이 왜구의 배를 파괴하거나 배에 구멍을 내서 침몰시키는 역할을 했습니다. 그렇게 혼비백산하는 왜구의 배에 불화살을 쏘면 그야말로 적에게는 공포 그 자체였습니다.

화약 무기의 위력을 실감한 고려 정부 그리고 이어서 들어선 조선 정부는 화약 무기 개발에 공을 들였고, 이전에 비해 크게 발달한 화약 무기들이 속속 등장하였습니다. 그 과정에서 최무선의 아들 최해산과 손자 최공손 등도 많은 공을 세웠습니다. 삼대가 이어서 국가의 화약 무기 제조에 크게 이바지한 것입니다.

이처럼 화약은 그냥 외국에서 쉽게 들어온 것이 아니었습니다. 최무선의 노력과 집념의 산물이라고 할 수 있지요. 그것이 국가 발전에 큰 영향을 끼쳤기에 오늘날에도 최무선의 생애와 업적을 기리고 있습니다. 그의 본관인 경북 영천에는 최무선 과학관이 세워졌습니다. 1995년부터는 '최무선 장군 추모제'가 매년 열리고 있습니다. 이 행사는 최무선이 문화관광부 '이 달의 문화 인물'에 선정된 것을 기념하여 시작되었는데, 추모 제례와 함께 과학 실험, 기계공작 등 각종 과학 경연이 진행되고 있습니다. 돌이켜보면 최무선은 세계 역사에서 몇 안 되는 과학자 겸 무관이 아닌가 싶습니다.

문익점이 목화를 재배하고 면을 생산하기까지
• • •

문익점은 중국에서 목화씨를 가져와 재배하였고, 이를 통해 우리나라에 목화 재배와 면으로 된 천 사용이 널리 퍼지게 되었습니다. 많이 알려진 내용이지요. 그런데 문익점이 어떤 생애를 살았는지, 그리고 목화씨를 가져오고 재배하는 과정이 어떠했는지에 대해서는 잘 알려지지 않았거나 사실과는 조금 다른 내용도 있습니다.

문익점(1329~1398)에 대해 잘 모르는 사람은 그를 농사 전문가로 알고 있기도 합니다. 하지만 그는 과거에 합격한 관리이자 학자였습니다. 어렸을 때부터 학문적 역량이 뛰어났으며, 당시에 내로라하는 학자로 이름을 떨쳤던 이곡의 가르침을 받기도 하였습니다.

그러던 문익점이 관리가 되어 원나라에 사절단으로 파견되었습니다. 서장관이라고 해서 기록을 담당하는 역할이었지요. 그런데 원나라에서 문익점은 매우 곤란한 지경에 놓이게 되었습니다. 고려를 내정간섭하던 원나라가 고려의 왕을 바꾸려는 계획을 갖고 있었기 때문입니다. 당시 고려는 공민왕이 통치하고 있었습니다. 그는 원나라가 약해진 틈을 타서 반원 자주정책을 펼치고 있었지요. 하지만 원나라는 여전히 고려를 부마국(사위의 나라)으로 종속시키고자 하였습니다. 당연히 두 나라는 긴장 관계에 놓일 수밖에 없었습니다.

경남 산청군에 있는 목면 시배始培 유지. 우리나라에서 처음으로 목화를 재배한 곳으로, 문익점이 태어난 배양마을은 지금까지도 목화 재배의 역사를 간직해오고 있다. ⓒ 문화재청

이러한 상황에서 원나라는 공민왕을 내쫓으려고 했습니다. 원나라에는 고려 충선왕의 셋째 아들인 덕흥군이 머무르고 있었는데, 그를 새로운 고려 왕으로 세우려고 한 것이었습니다. 원나라는 덕흥군에게 군사 1만 명을 내주어 고려에 가도록 하였습니다. 이때 원나라에 머물던 고려의 신하들은 입장이 난처해졌습니다. 모두에게 덕흥군의 편에 서기를 원나라가 강요했기 때문이지요. 사실 원나라에 있으면서 덕흥군을 지지하라는 강요에 따르지 않기는 어려웠습니다. 문익점 또한 어떤 식으로든 입장을 표시해야 했습니다. 고려에 있는 공민왕을 지지할 것인가, 아니면 덕흥군을 지지할 것인가를 말이지요.

문익점의 결정에 대해서는 상반된 이야기가 전해집니다. 먼저 문익점이 덕흥군을 지지하였다는 기록이 있습니다. 원나라에 머물던 다수의 고려 신하들이 덕흥군을 지지했는데, 그중에 문익점도 포함되었다는 것입니다. 하지만 다른 기록에는 문익점이 중국 강남에 갔었다고 합니다. 이를 근거로 문익점이 덕흥군을 지지하지 않아서 멀리 강남으로 유배를 떠났다는 이야기가 나오기도 하지요.

하지만 최근에는 여러 기록의 정황상 문익점이 원나라의 강요에 못 이겨 덕흥군을 따랐다는 의견이 우세한 게 사실입니다. 다만 적극적으로 가담했다기보다는 강요에 의해 마지못해 따랐다는 것이지요. 그래서 나중에 문익점이 귀국했을 때도 그가 어떤 벌을 받지는 않았습니다. 귀국 후 관직을 내려놓기는 했는데, 아마도 원나라에서의 일에 대해 나름의 책임을 진 것이 아니었나 싶습니다.

바로 이 시점에 목화씨 이야기가 나옵니다. 문익점이 귀국하면서 목화씨를 가져왔다는 것이지요. 문익점은 중국에서 목화를 널리 재배하고 있고, 목화솜을 이용해 만든 면이 실생활에 매우 유용하다는 사실을 잘 알고 있었습니다. 당시 국내에서는 목화가 재배되지 않았기 때문에 중국에서 수입한 면을 이용하였고, 이용 계층도 대개 귀족 등 지배층이었습니다. 일반 백성은 면에 비해 얇고 거친 베옷을 입었지요. 그때까지만 하더라도 목화는 중국 풍토에 맞는 작물이라서 목화씨를 들여오는 것도, 그것을 재배하는 것도 어려운 일이라고 여겼습니다. 하지만 문익점은 중국에 있으면서 목화 재배에 대해 자신감을 가졌던 것으로 보입니다. 그래서 목화씨를 가져온 것이지요.

앞서 언급했듯이 문익점은 귀국할 당시에 정치적으로 굉장히 곤란한 처지였습니다. 그럼에도 목화씨를 가져와 재배하겠다는 생각을 잊지 않았습니다. 목화 재배에 성공한다면 백성들의 생활에 큰 도움이 될 게 틀림없었으니까요. 이것이 후세에 문익점이 높게 평가받는 이유 중 하나입니다.

목화씨를 가져온 문익점은 그의 장인인 장천익과 함께 씨를 나눠 재배에 나섰습니다. 하지만 처음에는 씨가 썩어서 제대로 싹이 트지 않았습니다. 그런데 천만다행히도 장천익의 밭에서 씨 하나가 싹텄습니다. 문익점과 장천익은 뛸 듯이 기뻤습니다. 물론 이제 겨우 목화 재배의 첫 관문을 연 것이었지요. 이 싹이 잘 자라서 꽃을 피우는 것이 중요했습니다. 그래야 꽃에서 또 씨가 나오고, 그 씨를 심어 목화 재배량을 늘릴 수 있으니까요.

두 사람은 꽃이 피도록 정성을 다해 싹을 돌보았습니다. 다행히도 싹이 잘 자라서 꽃을 피웠습니다. 싱싱한 목화씨를 얻은 문익점은 그때부터 본격적으로 목화를 재배하기 시작했습니다. 그렇게 몇 년이 지나자 밭에는 목화가 가득 퍼져나갔습니다.

하지만 이것으로 끝난 게 아닙니다. 목화솜을 면으로 만드는 일이 남았지요. 이 또한 당시에는 높은 기술력을 필요로 했습니다. 중국에서 어깨 너머로 보았을지는 모르지만 문익점 자신이 직접 해보지는 않았기 때문에 쉬운 일은 아니었지요.

그런데 '하늘은 스스로 돕는 자를 돕는다'라고 했던가요? 고려 여행길에 목화가 무성한 것을 본 중국 승려 홍원은 깜짝 놀랐습니다. 중국에서만 보던 풍경을 고려에서 보니 그리 반가울 수 없었던 것이지요. 마침 홍원은 목화에서 면을 뽑아내는 기술을 알고 있었습니다. 문익점은 그의 도움으로 그토록 염원하던 실과 면을 만들 수 있었습니다.

바로 이 과정에 주목해 문익점을 평가해야 할 것 같습니다. 우리가 문익점에 대해 이야기할 때 목화씨를 가져왔다는 사실 하나에만 너무 치중해서는 안 된다는 말입니다.

　물론 정치적으로 곤란했던 시기에 목화씨를 들여올 마음을 가졌다는 것은 충분히 인정받을 모범임에는 틀림없습니다. 하지만 목화씨를 가져오는 것 자체는 그리 어려운 일이 아니었습니다. 누군가는 문익점이 중국의 눈을 피해 붓두껍에 몰래 목화씨를 숨겨 왔다고 합니다. 사실 이 일화가 나중에 정설로 널리 퍼지기도 했지요. 하지만 목화씨는 화약과는 달리 중국에서 반출을 막는 물품이 아니었습니다. 그리고 고려 말, 조선 초의 기록을 보더라도 문익점이 주머니 등에 넣어 왔지, 붓두껍에 넣어 왔다는 기록은 없습니다. 이는 문익점을 높게 평가하는 과정에서 훗날에 다소 과장된 내용으로 여겨집니다.

　그보다 중요한 것은 문익점이 목화씨를 가져와 씨를 얻고, 재배를 하고, 면을 만드는 이 오랜 과정에 있습니다. 그동안 문익점 말고도 여러 사람들이 목화씨를 가져왔을 수도 있습니다. 하지만 모두 실패하고 말았을 것입니다. 바로 이 점에서 문익점은 실로 대단한 업적을 이뤘다고 봐야 하지 않을까요?

　이후 목화 재배와 면 생산은 고려 사회에 차츰 퍼져나가기 시작했습니다. 목화를 재배하는 사람들이 계속해서 늘어났지요. 그리고 조선 시대에 이르러 목화 재배는 급속히 퍼져나갔습니다. 그러면서 면으로 된 옷을 입고 이불을 덮는 백성들도 늘어나기 시작합니다. 이제 추운 겨울에 얇은 베옷을 입고 지내지 않아도 된 것입니다.

　조선 태종 때에는 문익점의 공로를 국가에서 인정해야 한다는 주장이 나오기도 하였습니다.

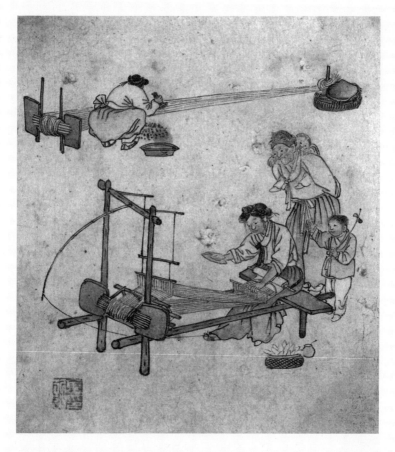

김홍도의 〈길쌈〉. 문익점이 들여온 목화는 조선 시대에 널리 퍼져 의복생활의 큰 변화를 가져왔다. 그림에서 뒤의 여인은 날실에 풀을 먹이고 있고, 베틀에 앉은 여인은 손발을 쉼 없이 움직여 옷감을 짜고 있다. ⓒ 국립중앙박물관

문익점이 처음 강남에 들어가서 목면 종자 두어 개를 얻어 싸가지고 와서, 진양촌 집에 보내어 비로소 목면을 짜서 진상하였으니, 이 때문에 목면의 쓰임이 진양에서 시작되었습니다. 이로 말미암아 온 나라에 널리 퍼지게 되어 모든 백성 상하上下가 이를 입게 되었으니, 이것은 모두 문익점이 준 것입니다. 이처럼 백성에게 크게 공덕이 있는데도 이에 응당한 보답을 받지 못하고 일찍 죽었으니, 그의 아들 중용에게 벼슬을 내려야 합니다. - <태종실록>

문익점의 공로가 매우 큰데도 이미 죽어서 그에게 보답을 해줄 수 없으니 대신 그의 아들에게라도 벼슬을 주자는 주장입니다. 권근이라는 신하가 건의하였고, 실제로 받아들여졌다고 합니다. 그만큼 세월이 지날수록 목화 재배와 면직물 생산이 확대되어 문익점의 공로가 피부 가까이 느껴진 것이지요.

그렇기 때문일까요? 목화 생산과 관련된 용어들이 문익점과 연관되어 있다는 주장이 있기도 합니다. 실을 뽑는 기구를 물레라고 하는데, 조선 후기 이덕무의 저서 《청장관전서》에는 문익점의 아들 문래가 이 기구를 만들었기 때문에 그의 이름을 따라 물레가 되었다고 전합니다. 또 이 책에는 문익점의 손자 이름이 문영인데, 그의 이름에서 면직물을 뜻하는 무명이 나왔다고도 합니다. 물론 이 기록이 정확한 근거가 있다고 보기는 어렵습니다. 사실이 아닐 수도 있지요. 하지만 사실 여부를 떠나서 고려 말 사람인 문익점에 대해 조선 후기(18세기 무렵)에 이러한 글이 나왔다는 것은 오랜 세월 동안 문익점의 존재와 공로가 칭송되어왔다는 방증이라고 할 수 있습니다.

우리나라 의생활을 혁신적으로 바꿔놓은 문익점의 목화, 이제는 중국에서 목화씨를 가져왔다는 사실 자체보다는 백성을 생각하는 그의 마음, 그리고 포기하지 않고 끝내 목화를 피워낸 그의 열정을 후세 사람들이 더 기억했으면 하는 바람입니다. ♣

중국의 4대 발명품 이야기

중국이 낳은 세계적인 감독 장이머우(장예모)는 2008년 베이징 올림픽의 개막식 연출을 맡았다. 그는 개막식에서 종이, 화약, 나침반, 인쇄술의 중국 4대 발명품을 활용한 퍼포먼스로 눈길을 끌었는데, 이는 동양은 물론 서양에도 많은 영향을 끼친 4대 발명품에 대한 중국인들의 자부심을 그대로 표현한 것이다.

오늘날 사용하는 종이는 한나라 채륜이 처음 발명했다. 이전에도 초보적인 형태의 종이가 있었지만 재질이 매끄럽지 못해 글을 적는 데는 적합하지 않았다. 그러다가 종이의 질을 획기적으로 개선한 신개념의 종이가 개발된 것이다. 이 제지술은 당나라 때 서역으로 전해졌고, 이후 유럽으로 널리 전파되었다.

화약은 당나라 말에 처음 발명되었으나, 본격적으로 제조되고 사용된 것은 송나라 때였다. 화약과 화약 무기의 개발은 전투의 양상을 크게 바꿔놓았다. 화약은 13세기 무렵 유럽에 전파되는데, 화약 무기의 발달은 중세 기사 계급의 몰락을 촉진시키기도 하였다.

나침반도 송나라 때 발명되었고, 이는 송나라와 원나라의 해상무역 발전에 크게 기여하였다. 나침반은 유럽에 전해지면서 15세기부터 본격화된 유럽의 신항로 개척에 큰 영향을 끼쳤다.

송나라 때의 지남침(나침반). 천연 자석을 갈아 스푼 모양으로 만들었는데, 회전시키고 나서 정지하
게 되면 스푼 손잡이 부분이 언제나 남쪽을 가리켰다.

인쇄술 역시 중국에서 발명되었는데, 기본적으로 중국은 제지술이
발달하였다. 또한 과거제의 실시로 책의 수요가 많았다. 중국은 이미
당나라 때부터 많은 책을 인쇄하였으며, 송나라 때에 이르러서는 세계
최고 수준의 인쇄술과 출판 능력을 갖추게 되었다.

나라를 위해 헌신한
구한말의 여인들

조선은 성리학의 나라였습니다. 성리학을 국가와 사회의 이념으로 받들었지요. 성리학은 대의명분, 그중에서도 특히 상하 질서를 강조하였습니다. 하늘이 있으면 땅이 있기 마련이므로 작은 나라가 큰 나라를 섬기고, 신하가 왕에게 충성하며, 자식이 부모에게 효도하는 것을 세상의 지극히 당연한 이치로 보았습니다. 그런데 문제는 그 과정에서 남성과 여성을 구분하고 차별했다는 것입니다. 이 때문에 성리학적 사회질서가 고착되어 갈수록 사회는 가부장 중심으로 흘러갔습니다. 그러면서 상대적으로 여성들은 차별을 받아야 했지요.

그러다가 근대사회로 접어들면서 사람들의 의식이 조금씩 바뀝니다. 여성도 똑같은 인간으로서의 권리가 있다는 주장이 등장하게 됩니다.

하지만 오랜 세월 뿌리 깊게 박혀 있는 가부장적 의식과 그 사회가 쉽게 바뀌는 것은 아니지요. 바로 그 무렵입니다. 국권이 피탈될 위기에 놓였던 구한말에 나라를 위해 헌신을 다한 두 명의 여성이 있었습니다. 비록 문文과 무武로 그 방식은 달랐지만, 나라를 위한 그녀들의 마음만은 한결같았습니다.

우리나라 최초의 근대 여의사, 박에스더

• • •

1880년대 우리나라에도 근대 학교가 세워지기 시작했습니다. 초기에는 외국 선교사가 세운 학교들이 이를 주도하였습니다. 근대 학문을 가르치면서 선교도 함께 하려는 목적이 있었던 것이지요. 서양인이 우리나라에 세운 최초의 학교는 1885년에 설립된 배재학당입니다. 미국 선교사인 아펜젤러가 세웠지요.

그 아펜젤러를 도우면서 잡다한 일을 하던 김홍택이란 사람이 있었습니다. 아펜젤러와 함께 일하다 보니 김홍택은 자연스럽게 근대 문물에 대해 누구보다 많은 관심을 가졌습니다. 그리고 그에게는 막내딸 김점동이 있었습니다. 그녀는 아버지에게서 서양 문물에 관한 여러 이야기를 들으며 흥미를 갖게 되었습니다. 아마 그 어떤 동화책 이야기보다 더 재미있고 신기했을지 모릅니다.

그러던 김점동은 이화학당에 들어가기로 결심합니다. 아버지께 귀동냥으로 듣던 서양 문물을 직접 접하며 배우고 싶었던 것이지요. 이화학당은 배재학당과 마찬가지로 서양인이 세운 학교였습니다. 1886년 미

우리나라 최초의 여성 전문 병원
인 보구여관保救女館. 1887년
서울 정동에 설립되었는데, 보구
여관이라는 명칭은 고종황제가
내렸다.

국 선교사 메리 스크랜턴이 그녀의 의사 아들 윌리엄 스크랜턴과 함께
세웠지요. 서양 근대 문물에 관심이 많은 김점동이었지만 막상 학교에
가서 외국인을 보니까 겁도 났다고 합니다. 그럴 만도 한 것이 그때 김
점동의 나이는 열 살이었습니다. 하지만 친절하게 대해주는 스크랜턴
부인 덕분에 그 같은 불안감은 금방 사라졌습니다.

　김점동은 정말 열심히 공부했습니다. 모든 과목에서 학습 능력이 뛰
어났는데, 그중에서도 영어 실력은 학생들 중 최고였습니다. 미국인과
자연스럽게 이야기를 나눌 정도의 수준까지 되었지요.

　12세 때 세례를 받은 김점동은 이름을 김에스더로 바꿨습니다. 그리
고 14세가 되던 1890년에 그녀는 드디어 의료 분야에 첫발을 들여 놓
습니다. 보구여관에서 통역과 간호를 보조하는 역할을 맡게 된 것입니
다. 보구여관은 1887년 이화학당 구내에 세워진 우리나라 최초의 여성
병원입니다.

　이후 김에스더는 로제타 홀의 의술을 곁에서 지켜보며 의사로서의 삶

을 살겠다고 다짐합니다. 로제타 홀은 의료 선교를 위해 한국에 온 여의사였습니다. 그녀는 보구여관 등에서 의술을 펼쳤고, 김에스더는 옆에서 도우며 통역 역할을 하였습니다. 로제타 홀의 의술은 매우 뛰어났습니다. 특히 '언청이'라는 구순구개열 아이를 수술로 치료하는 모습을 보며 김에스더는 감탄을 금하지 못했습니다. 아이의 부모님이 연신 고맙다고 눈물을 흘리는 모습에 자신도 의술로써 고통받는 사람을 도우며 살겠다는 각오를 다지게 되었습니다.

이후 김에스더는 로제타 홀의 남편 소개로 박유산이라는 청년과 17세 나이에 결혼합니다. 그러면서 미국처럼 남편의 성을 따라 이름을 박에스더라고 하였지요. 결혼 후 2년 뒤인 1895년, 박에스더 부부는 미국으로 유학을 가게 되었습니다. 남편의 죽음으로 로제타 홀이 고국인 미국으로 돌아가게 되었는데, 그녀의 도움을 받아 부부가 함께 유학길에 오른 것입니다.

박에스더(1876~1910)는 본격적으로 의학 공부를 할 수 있다는 생각에 기뻤습니다. 그간의 열정이 결실로 이어져 볼티모어 여자의과대학에 최연소로 입학하게 된 것입니다. 그녀는 더욱 신이 나서 공부에 매진하였습니다. 하지만 낯선 미국 땅 그리고 경제적 기반이 없는 상황에서 유학 생활은 힘겨울 수밖에 없었습니다. 최소한의 생계비는 물론 학업에 들어가는 비용도 만만치 않았습니다.

이때 박에스더를 헌신적으로 뒷바라지해준 이가 남편 박유산이었습니다. 그 역시 학업에 뜻을 두고 미국에 왔습니다. 하지만 자신과 아내 둘 모두가 공부에만 몰두할 수 있는 현실이 아니라는 판단에 아내를 위해 공부를 접기로 마음먹습니다. 그리고 노동일 등을 가리지 않고 최선

우리나라 최초의 근대 여의사인 박에스더 모습

을 다해 박에스더를 뒷바라지하였습니다. 박에스더는 그러한 남편이 고맙기도 하고 미안하기도 했습니다. 그럴수록 더 열심히 공부해야겠다고 다짐하였지요.

그러던 어느 날 박에스더에게 날벼락 같은 일이 일어나고야 말았습니다. 남편이 폐결핵으로 갑자기 세상을 떠나고 만 것입니다. 힘들게 일했던 탓에 체력과 면역력이 떨어진 상태에서 폐결핵에 걸렸고, 결국 죽음까지 이르게 된 것입니다. 의과대학 졸업을 몇 주 앞두고 박에스더는 절망하지 않을 수 없었습니다.

남편이 죽고 의과대학을 졸업한 그해에 박에스더는 한국으로 돌아왔습니다. 하루라도 빨리 고국에서 자신이 배운 의술로 고통받는 사람들을 치료하고 싶었기 때문입니다. 당시의 우리나라는 국권 침탈의 위기 속에서 큰 어려움을 겪을 때였습니다. 그녀가 좀 더 편한 삶을 원했다면 그냥 미국에 있었을 것입니다. 하지만 고국으로 돌아가야겠다는 그녀의 의지는 확고했습니다.

박에스더는 우리나라 최초의 근대 여의사입니다. 사실 개항 초기와는 달리 그녀가 의사로서 활동하던 1900년대 초는 서양 근대 의술에 대한 신뢰가 매우 높아져가던 때였습니다. 초기에는 다들 의심 가득한 눈으로 바라보았습니다. 하지만 황실 사람들을 비롯해 많은 이들이 치료에 성공하자 서양 의술로 병을 고치려는 사람들이 연일 늘어났지요.

하지만 이러한 치료의 사각지대에 놓인 사람들 중에는 여성들이 많았습니다. 갑오개혁으로 신분제가 없어지고 여성의 재가가 허용되는 등 사회가 근대적으로 변했어도 여성들에게는 여전히 어려움이 있었습니다. 의사에게 자신의 몸을 보여야 하는 점 때문이었지요. 지금은 아무렇지도 않겠지만, 당시에는 아무리 치료가 목적이어도 남자 의사가 진찰하고 치료하는 것에 대해 부담을 느끼는 여성들이 많았습니다. 그래서 병원에 가지 못하고 고통받는 여성들이 적지 않았던 것입니다.

그러던 차에 여의사가 왔으니 여성 환자들에게는 여간 반가운 소식이 아닐 수 없었습니다. 박에스더는 너무도 바쁜 나날을 보냈습니다. 보구여관, 광혜여원 등에서 여성 환자들을 중심으로 치료했고, 황해도와 평안도 일대를 돌며 진료 봉사활동도 했습니다. 한겨울에 당나귀가 끄는 썰매를 타고 진료를 하러 다닌 일화는 아주 유명하지요.

박에스더는 일년에 평균 5천 명에 이르는 환자를 진찰하고 치료하였습니다. 또한 질병을 미연에 방지하기 위해 위생관리를 알리는 계몽 활동과 교육에도 적극적으로 나섰습니다. 그녀는 귀국한 이래로 자신의 몸을 돌보지 않고 쉴 새 없이 일에만 파묻혀 살았습니다. 아마 멈출 수가 없었을 테지요. 왜냐하면 자신이 의사가 될 수 있도록 성심껏 도와준 선교사의 배려, 그리고 죽음에 이르기까지 뒷바라지해준 남편의 사랑과 믿음을 저버릴 수 없었기 때문입니다.

그렇게 10년의 세월이 흘렀습니다. 그리고 운명의 장난인지는 몰라도 박에스더는 남편과 마찬가지로 폐결핵에 걸리고 말았습니다. 그간 쉬지 않고 달려와서 몸이 약해질 대로 약해진 탓일까요. 폐결핵의 어두운 그림자가 그녀에게 드리워진 것입니다. 1910년, 안타깝게도 그녀는

34세의 나이로 세상을 떠나고 말았습니다. 우리나라 최초의 근대 여의사로서 많은 사람들의 몸과 마음을 치유해주었던 그녀의 죽음에 사람들은 크게 슬퍼했습니다.

박에스더를 줄곧 지켜보았던 로제타 홀의 아들, 셔우드 홀은 그녀의 삶에 큰 감동을 받았습니다. 박에스더가 죽은 후에 그는 폐결핵 전문 의사가 되어 우리나라에 최초로 결핵요양소를 세웠고, 결핵 퇴치를 위한 크리스마스실을 도입하기도 하였습니다.

박에스더의 숭고한 삶은 오늘날에도 기억되고 있습니다. 이화여대 의과대학에서는 그녀를 기리는 '박에스더 상'을 제정하여 매년 시상하고 있습니다. 과학기술부(지금의 교육부)에서는 그녀를 과학기술 명예의 전당에 헌정하기도 하였습니다. 당나귀를 탄 최초의 여의사, 박에스더. 그 이름은 앞으로도 많은 사람들의 귀감이 될 것이고, 우리 역사의 '에스더(별)'가 되어 오래오래 비출 것이라 믿습니다.

우리나라 최초의 여성 의병 지도자, 윤희순
• • •

2012년 2월 육군사관학교 졸업식에서 육사 개교 이래 처음으로 여성 생도가 전체 수석을 차지하는 일이 있었습니다. 군대는 남성의 전유물로만 여겨졌고, 군대의 장교를 배출하는 사관학교도 다르지 않았습니다. 그러다가 육사에 여성 입학이 허용되기 시작하더니, 이제는 전체 수석까지 여성이 차지하게 된 것입니다.

군대에서마저 이러하니까 아마 현대사회는 가면 갈수록 거의 모든 분야에서 남성과 여성의 일에 구분이 없어질 것입니다. 조선 말기와 대한 제국 시기, 즉 국권 피탈기에도 이러한 사례가 있었습니다. 바로 의병 운동에 있어서 말이지요.

나라를 위하는 충성스러운 마음으로 외적과 싸우기 위해 들고일어난 사람들을 의병이라고 합니다. 국권이 피탈되던 때에 의병 운동은 시기마다 활발히 전개되었습니다. 그중에 한 여성 또한 의병 지도자 역할을 하며 크게 활약하였습니다. 그녀가 바로 우리나라 최초의 여성 의병 지도자로 평가받는 윤희순입니다.

윤희순(1860~1935)은 16세가 되던 해에 유씨 집안으로 시집을 갔습니다. 그리고 춘천에서 살게 되었지요. 그러던 1895년에 을미의병이 일어났습니다. 상투를 자르라는 단발령이 발표되었는데, 이것이 우리의 민족성을 없애려는 일본의 의도에서 비롯된 조치라는 소문이 전해졌기 때문입니다. 여기에 더해 명성황후가 일본 자객들에 의해 비참하게 시해되었다는 비보가 뒤늦게 알려진 것도 을미의병을 불붙게 만든 중요한 이유였습니다.

윤희순이 살고 있는 춘천에서도 의병이 거세게 일어났습니다. 윤희순의 시아버지인 유홍석은 춘천의 유생들과 함께 의병 운동에 나섰습니다. 역시 그 시아버지의 그 며느리였습니다. 윤희순은 마을의 여성들을 모아 의병을 적극적으로 도와야 한다고 주장하였습니다. 여자라도 나라를 위해서 하지 못할 일이 없다며, 의병이 잘 싸울 수 있도록 물심양면으로 도와줄 것을 호소하였습니다. 이때 그녀가 사람들에게 호소하기 위해 지은 것이 '안사람 의병가'입니다.

안사람 의병가

아무리 왜놈이 강성한들 우리들도 뭉쳐지면 왜놈 잡기 쉬울세라

아무리 여자인들 나라 사랑 모를쏘냐

아무리 남녀가 유별한들 나라 없이 소용 있나

우리도 나가 의병 하러 나가보세

의병대를 도와주세. 금수에게 붙잡히면 왜놈 시중 받을쏘냐

우리 의병 도와주세. 우리나라 성공하면 만세로다

우리 안사람 만세로다

우리나라 의병들은 나라 찾기 힘쓰는데

우리들은 무얼 할까. 의병들을 도와주세

내 집 없는 의병대들 뒷바라질하여 보세

……

우리 조선 아낙네들 나라 없이 어이 살며 힘을 모아 도와주세

만세 만세 만만세요. 우리 의병 만세로다

처음에는 꺼리는 여성들도 많았다고 합니다. 하지만 윤희순의 적극적인 설득과 호소로 의병 돕기에 나서는 여성들이 하나둘씩 늘어나기 시작하였습니다. 여성들의 이 같은 지원 덕분에 의병들은 더욱 힘을 내어 싸울 수 있었지요.

1907년에는 정미의병이 일어났습니다. 고종 황제의 강제 퇴위와 군대 해산으로 의병 운동이 전국적으로 확산되었지요. 윤희순은 을미의병

춘천시립도서관에 세워진 여성 의병 윤희순의 동상. ⓒ doopedia

때보다 더 적극적으로 나섰습니다. 군자금 모금을 주도했던 그녀는 아예 탄약 제조소도 운영하였습니다. 심지어는 여성 의병대를 조직하여 훈련을 하고 정보수집 활동을 하기도 하였습니다.

그러나 국권을 지키겠다는 그녀의 바람은 끝내 좌절되고 말았습니다. 일제가 대한제국을 강제로 병합시킨 것입니다. 국권이 피탈되자 그의 시아버지와 남편은 만주로 가서 독립운동을 이어갔습니다. 윤희순도 자식들을 데리고 만주로 향했습니다. 낯선 곳에서의 삶은 비참하기 이를 데 없었습니다. 하루하루 생계를 걱정해야 할 지경이었지요. 그럼에도 그녀는 시아버지와 남편이 독립운동에 매진할 수 있도록 뒷바라지를 게을리하지 않았습니다.

불행히도 윤희순의 시아버지와 남편은 2년 간격으로 모두 생을 마감했습니다. 하지만 그녀는 독립운동을 위한 길을 결코 포기하지 않았습니다. 윤희순은 아들과 함께 항일투쟁 단체인 조선독립단, 조선독립단 가족 부대 등을 결성하며 항일운동을 펼쳤습니다. 또한 항일 운동가를 양성하기 위한 조선독립단 학교를 설립하여 국외에 있는 한국인들의 독립의식을 고취시켜 나갔습니다. 나라 밖에서도 여성 지도자로서의 역할을 당당히 해낸 것입니다. 그녀의 이 같은 열정적인 리더십에 힘입어 많은 사람들이 조국의 독립을 위해 열심히 싸워나갈 수 있었습니다.

그런데 그녀에게 또 다른 시련이 찾아왔습니다. 독립운동에 대한 일본의 탄압이 더욱 거세진 것입니다. 그녀의 가족도 예외는 아니었습니다. 윤희순과 그녀의 자식들은 일본군에 끌려가기도 했습니다.

장남인 유돈상은 일본군에게 모진 고문을 받았고, 그로 인해 생을 마감하였습니다. 그리고 안타깝게도 윤희순 역시 오래지 않아 생을 마감하고 맙니다. 이때가 1935년, 그녀의 나이는 76세였습니다. 백발의 노인이 되어서까지 조국 독립을 위해 싸웠던 그녀의 순국에 많은 사람들이 슬퍼했습니다.

아쉽게도 윤희순은 다른 독립운동가에 비해 교과서에 잘 등장하지 않습니다. 그렇지만 오늘날 그녀를 기리기 위한 다양한 움직임이 이는 것은 참으로 고마운 일이 아닐 수 없습니다.

강원소리진흥회에서는 〈잃어버린 소리를 찾아서〉 3집 CD와 악보집을 발간하며 여기에 윤희순의 '안사람 의병가'를 수록하였습니다. 의병의 도시이자 윤희순이 을미의병 때 활약했던 춘천에서는 '애국지사 윤희순 의사 추모 콘서트'가 열리기도 했는데, 이때 각계의 인사들과 시민

약 천 여명이 운집했다고 합니다. 또한 윤희순의 일생을 추모하는 창작 뮤지컬이 상연되기도 하였습니다.

그녀는 끝내 조국의 독립을 보지 못하고 눈을 감았습니다. 하지만 훗날 되찾은 나라의 후손들이 자신을 기리는 모습을 보며 하늘 어딘가에서 흐뭇하게 미소 짓고 있지 않을까요? ♣

백년전쟁의 영웅, 프랑스 여인 잔 다르크

유럽의 역사에서 영국과 프랑스는 그야말로 앙숙이다. 이들의 대립과 경쟁은 유럽에서는 물론 이후 식민지를 개척하는 과정에서 아메리카, 인도 등에서도 계속 이어졌다. 그중에서도 이 두 나라의 앙숙 관계를 극명하게 보여주는 역사적 사건이 있다. 바로 1337년부터 1453년까지 116년 동안 계속되었던 백년전쟁Hundred Years' War이다. 흑사병 등으로 인해 중간중간 전쟁이 멈춘 적은 있었지만, 백여 년 동안 두 나라는 거의 지속적으로 전쟁을 해왔기에 백년전쟁이라고 부른다. 그 백년전쟁 후반부에 등장하여 프랑스의 국민적 영웅으로 우뚝 선 여인이 있었으니, 바로 잔 다르크다.

백년전쟁은 표면적으로는 프랑스 왕위 계승권 분쟁으로 일어났다. 영국이 프랑스의 왕위 계승에 간섭하고 나섰고 이에 대해 프랑스가 반발했기 때문이다. 사실 프랑스는 이 기회에 경제적으로 중요한 플랑드르와 기옌 등 프랑스 내의 영국 영토 혹은 영국이 영향력을 행사하는 지방에 대한 탈환도 계획하고 있었다. 이처럼 백년전쟁은 정치적, 경제적으로 두 나라 사이의 미묘한 관계에서 벌어졌다.

그렇게 백년전쟁이 벌어지던 중 프랑스 시골 마을의 한 농가에서 잔 다르크가 태어났다. 그녀는 여느 여자아이와 크게 다르지 않았다. 그러

잔 다르크의 오를레앙 포위전을 그린 낭만주의 화풍의 그림. 백년전쟁의 전환점이 된 이 전투에서 샤를 7세는 영국군의 포위망을 뚫고 나와 1422년 왕위에 오를 수 있었다.

다가 열세 살이 되던 해에 그녀는 자신 앞에 나타난 천사에게 '프랑스를 구하라'는 계시를 받는다. 그리고 몇 년 뒤, 프랑스 황태자를 찾아가 천사의 계시를 알려주며 전쟁에 앞장서겠다고 하였고 황태자는 고민 끝에 이를 허락하였다.

전쟁에 나선 잔 다르크의 영향력은 상상 그 이상이었다. 흰 갑옷에 망토를 입은 그녀의 손에는 백합을 수놓은 깃발이 들려 있었고, 그녀가 이끄는 행진에 프랑스 시민들과 군인들은 크게 호응하였다. 그동안 전

샤를 7세의 대관식에 참석한 잔 다르크를 그린 벽화. 왕의 대관식이지만, 나라를 구한 소녀 '잔 다르
크'를 중심에 놓고 묘사하였다.

쟁에서 밀리던 프랑스군은 하늘이 자신들을 돕고 있다며 크게 고무되
었다. 그리고 몇 차례의 주요 전투에서 영국군에게 크게 승리할 수 있
었다. 이를 계기로 왕위 계승이 불투명했던 황태자 샤를은 대관식을 통
해 왕위에 오를 수 있었다(샤를 7세).

　잔 다르크는 자신의 임무를 다하였다고 생각하였다. 하지만 샤를 7
세의 반대 세력인 부르고뉴派가 콩피에뉴 성을 포위했다는 소식에
다시 싸움터로 향해야 했다. 프랑스 왕실 입장에서는 영국도 큰 적이

었지만, 프랑스 내의 반대 세력인 부르고뉴파도 큰 골칫거리였다. 이에 잔 다르크가 콩피에뉴 성을 지키기 위해 나선 것이다. 그런데 잔 다르크는 이 전투에서 그만 포로가 되고 말았고, 부르고뉴파는 사로잡은 그녀를 영국에 돈을 받고 넘겨주었다.

그 당시 잔 다르크에 대한 영국의 반감은 극에 달해 있었다. 프랑스와의 여러 전투에서 패한 화풀이가 그녀에게 향한 것이다. 영국은 그녀를 천사의 계시라는 거짓말로 프랑스 국민들을 선동했다며 종교재판에 회부하였다. 그리고 우리 나이로 스무 살이던 1431년, 잔 다르크는 종교재판에서 마녀로 낙인찍힌 채 화형에 처해짐으로써 불꽃같은 생을 마감하였다.

하지만 잔 다르크의 역할은 죽었다고 끝난 것이 아니었다. 잔 다르크의 죽음을 슬퍼한 프랑스 사람들은 더욱 굳게 결속을 다져나갔으며, 마침내 영국군을 몰아내고 백년전쟁을 끝낼 수 있었다. 한편 샤를 7세는 종교재판을 부정하며 잔 다르크의 편에 섰고, 훗날 가톨릭교회에서도 그녀를 성녀로 인정하였다.

헤이그 특사 3인을 다시 생각하다

　외교는 흔히 '소리 없는 전쟁'이라고 합니다. 다른 나라와의 정치적, 경제적 협상 과정에서 국가의 이익이 크게 달라지기 때문이지요. 우리 역사에도 성공적인 외교 사례가 다수 있습니다. 그중 대표적인 게 고려 때 서희의 담판이지요.

　서희는 거란의 1차 침략 당시에 거란의 장수 소손녕과 외교 담판을 벌였습니다. 그는 거란이 송나라와의 대결 구도 속에서 많은 군사를 오랫동안 고려에 둘 수 없다는 사실을 잘 알고 있었습니다. 즉, 거란의 침입 목적은 고려 정벌보다는 고려와 송나라의 관계를 끊는 데 있다는 것을 간파했지요. 그의 통찰력과 뛰어난 언변, 그리고 논리 있는 협상력 등의 외교 전술이 결국 거란의 군대를 돌려보내고, 압록강 이남의 강동 6

주를 획득하는 큰 성과를 얻게 했지요.

이처럼 국가 간의 관계에 있어서 외교는 굉장히 중요합니다. 대한제국 말기에도 고종은 국난 극복의 한 방안으로 외교적 승부수를 띄웠습니다. 바로 '헤이그 특사 파견'이었지요. 1907년 당시 헤이그에서는 어떤 일이 있었던 것일까요?

서양 언론에 보도된 특사 3인의 활약
• • •

1907년 고종이 세계평화회의가 열리는 네덜란드 헤이그에 특사 3인(이준, 이상설, 이위종)을 보냈다는 사실은 익히 알려져 있습니다. 하지만 아쉽게도 이들은 일본의 방해로 회의장에 참석하지 못했습니다. 이 정도가 헤이그 특사 파견과 관련해 사람들이 흔히 알고 있는 내용이지요.

그렇지만 그들의 활동에 대해 이처럼 짧게 이야기하기에는 아쉬움이 많습니다. 왜냐하면 그들은 너무나 열악한 상황에서도 일제의 침략적 행위를 세계 여러 나라에 호소하는 등 국권을 지키기 위한 외교적 노력을 다했으니까요.

1905년 을사늑약으로 일본은 대한제국의 외교권을 강탈하였습니다. 더불어 대한제국에 통감부를 두어 국내 정치에 직접적으로 간섭하고 나섰지요. 당시 대한제국은 그야말로 바람 앞의 촛불처럼 매우 위태로웠습니다. 이러한 상황에서 국내에서는 항일 의병과 애국계몽운동이 일어나는 등 국난을 극복하기 위해 혼신의 힘을 다하고 있었습니다. 하지만 일본의 탄압과 국내 친일 세력들의 동조로 인해 구국운동에는 어려움이 많았습니다.

바로 이 무렵 고종이 내린 결단이 바로 헤이그 특사 파견이었습니다. 1907년 헤이그에서 제2차 세계평화회의가 개최되었는데, 주최국인 러시아가 네덜란드에 보낸 초청국 명단에 대한제국이 포함되어 있었습니다. 고종은 그곳에 자신의 전권을 위임한 특사를 보내기로 한 것입니다. 이를 통해 일제의 침략적이고 불법적인 행위를 세계 평화를 지향하는 열강들 앞에서 낱낱이 고발하는 한편 도움을 호소하기 위해서였습니다.

하지만 특사를 드러내놓고 보내기에는 어려운 현실이었습니다. 을사늑약은 고종의 재가가 없었고, 또한 위임을 받지 못한 대신들에 의해 불법적으로 체결되었습니다. 따라서 법적인 효력이 전혀 없지요. 그럼에도 일본은 을사늑약으로 외교권이 넘어왔다며 대한제국의 외교 활동을 철저하게 감시하고 통제하였습니다. 만약 헤이그 특사를 보낸다는 사실이 알려지면 일본은 아예 막으려고 했을 게 뻔했습니다. 그래서 고종은 비밀리에 특사를 보내기로 하였습니다.

잘 알려진 바와 같이 그 특사는 이준, 이상설, 이위종입니다. 그런데 많은 사람들은 이들 세 명이 동시에 한국을 떠나 헤이그로 간 것으로 알고 있습니다. 하지만 그렇지 않고 이들은 다른 나라에서 만나 함께 헤이그로 갔습니다. 고종은 왜 이들을 특사로 임명했고, 또한 이들은 어떤 경로를 통해 그 먼 헤이그까지 갔을까요?

먼저 고종은 이준을 조용히 불렀습니다. 이준은 평리원(당시 최고 법원)의 검사 출신이었습니다. 고종은 그가 친일 행위를 한 상사를 고소한 전력이 있다는 데 주목했습니다. 그만큼 불의와 타협하지 않는 강직함이 있었지요. 또한 검사 출신이라서 을사늑약의 불법성과 일제의 침략 행위를 논리적으로 피력할 능력이 있다고 판단하였습니다.

이준은 비밀리에 서울을 떠나 블라디보스토크로 향했습니다. 그곳에 있는 이상설을 만나기 위해서였습니다. 이상설은 을사늑약 이후 민족 학교인 서전서숙을 설립하는 등 만주에서 항일운동을 전개하고 있었습니다. 그는 1905년 당시에 대한제국의 의정부 참찬이었습니다. 그래서 을사늑약의 부당함을 생생하게 목격할 수 있었습니다. 당시 상황에 대해 그 누구보다 잘 설명할 수 있는 사람이었지요. 고종은 바로 이 점을 고려하여 이상설을 지목한 것입니다.

두 사람은 블라디보스토크를 떠나 시베리아 열차를 탔습니다. 약 9,000km, 그러니까 서울에서 부산까지 10번 이상 왕복해야 하는 엄청난 거리를 이동하여 상트페테르부르크에 도착했습니다. 당시 열차는 지금처럼 고속이 아니라서 이동하는 데만 보름이 걸렸습니다.

그곳에서 두 사람은 이위종을 만나게 됩니다. 이위종은 구 러시아 공사였던 이범진의 아들이었습니다. 외교관이었던 아버지의 영향으로 이위종은 어릴 때부터 여러 나라에서 생활했습니다. 그래서 영어는 물론, 프랑스어, 러시아어에 능통했습니다. 이위종의 역할은 바로 통역이었습니다. 아무리 이준과 이상설이 세계평화회의에 참석한다고 하더라도 각국 대표들에게 외국어로 제대로 말하지 못하면 아무 소용이 없지요. 이위종은 그러한 우려를 말끔히 해결할 인물이었던 것입니다. 더욱이 이위종은 외국어 능력만 뛰어난 게 아니라 민족의식이 투철했고, 논리 정연한 말솜씨도 매우 훌륭했습니다.

그렇게 헤이그 특사로 이 3인이 뭉쳤습니다. 하지만 곧바로 네덜란드로 향하지는 않았습니다. 러시아에서 해야 할 일이 남았기 때문이었습니다. 이준은 러시아 황제에게 전할 고종의 친서를 가지고 있었습니다. 친서를 전달하면서 러시아 황제에게 도움을 요청할 계획이었지요. 하지만 이들은 끝내 러시아 황제를 만나지 못했습니다. 굳이 대한제국을 도와서 일본의 반감을 살 필요가 없다고 러시아는 판단한 것이었지요. 그런 내막을 몰랐던 특사 3인은 더 이상 시일을 지체할 수 없어서 러시아를 떠나기로 했습니다. 그리고 마침내 네덜란드 헤이그에 도착했습니다. 이준이 서울을 떠난 지 무려 두 달 만이었습니다.

이들은 곧장 세계평화회의장으로 갔습니다. 하지만 러시아에서 너무 오래 지체한 까닭에 이미 회의가 개최된 지 열흘이 지난 뒤였습니다. 게다가 회의에 참석할 수도 없었습니다. 참석할 권리가 없다는 게 그 이유였습니다. 특사 3인은 자신들이 대한제국 황제의 전권을 위임받아 온 대표임을 강조하였습니다. 그러나 각국의 대표들은 대한제국의 외교권을 일본이 행사하고 있기 때문에 중복 참석을 허가할 수 없다는 논리였습니다. 물론 이는 특사 3인의 회의 참석을 막기 위해 일본이 각국 대표들에게 물밑 작업을 한 결과이기도 했습니다.

하지만 여기에서 물러날 특사 3인이 아니었습니다. '이가 없으면 잇몸으로 씹는다'는 절박한 심정으로 나섰지요. 이들은 회의장 밖에서 각국 대표들을 한 명 한 명 만나며 일제의 침략을 비판하고 도움을 호소하였습니다. 회의장 밖에서 적극적인 외교 활동을 펼치자 헤이그에 모여든 많은 언론인들도 관심을 갖게 되었습니다. 특히 영국 언론인으로 〈세계평화회의보〉의 발행인이었던 윌리엄 스테드는 특사 3인의 사진과 이위종의 인터뷰 기사를 1면에 싣기도 하였습니다. 이위종은 인터뷰에서 법과 정의를 찾기 위해 이곳에 왔다고 전하며 일본의 침략성, 을

〈세계평화회의보〉에 실린 헤이그 특사 3인의 모습과 기사(왼쪽부터 이준, 이상설, 이위종). ⓒ 국가보훈처

늑약의 불법성을 강조했습니다. 그의 언변에는 거침이 없었습니다.

윌리엄 스테드는 이위종의 굳건한 태도에서 깊은 감명을 받았습니다. 그래서 또 한 번의 기회를 특사에게 마련해주었습니다. 각국 기자단이 모인 국제협회에서 연설하도록 해준 것입니다. 이위종은 능통한 프랑스어로 자신감 있고 호소력 있는 연설을 이어갔습니다.

"1905년 11월 17일 이후 일본은 공식적 비공식적으로 강탈·강도와 잔인한 흉계 등을 감행하였습니다. …… 일본인들은 항상 평화를 말하지만 어찌 사람이 기관총구 앞에서 평화롭게 살 수 있겠습니까. 한국 국민이 모두 죽어 없어지면 모르겠지만, 그렇지 않은 상태에서 한국의 독립과 한국 국민의 자유가 이루어지지 못하는 한 동아시아의 평화는 있을 수 없습니다. 한국 국민들은 독립과 자유라는 공동 목표에 대하여 정신적으로 결합되어 있으며, 이 목적을 위하여 죽음을 무릅쓰고 일본인의 잔인하고 비인도적이며 이기적인 침략에 대항하고 있습니다."

이위종의 연설이 끝나자 많은 기자들이 감동의 큰 박수를 보냈습니다. 폴란드 국적의 어느 기자는 한국의 입장에 동조하자는 결의를 전체 박수로써 이끌어내기도 하였습니다. 이후 특사 3인의 주장은 여러 신문에 보도되는 등 세계의 이목을 집중시켰습니다.

이렇게 살펴본 바와 같이 특사 3인은 멀리 네덜란드 헤이그까지 갔다가 회의장에 들어가지도 못하고 무기력하게 돌아온 게 아니었습니다. 생판 모르는 낯선 외국 땅, 낯선 외국인을 대상으로 특사로서의 임무를 멋지게 수행한 것입니다. 그들 3인의 훌륭하고 감동적인 활동을 우리 역사는 꼭 기억하고 후세에 전해야 할 것입니다.

낯선 땅에서 의문의 죽음을 맞은 이준
· · ·

헤이그 특사 3인이 활발하게 외교 활동을 펼치고 있을 때였습니다. 어느 날 그들의 활동이 갑자기 중단되는 상황에 놓이게 되었습니다. 이위종이 러시아에 있는 아내가 위독하다는 연락을 받고, 급하게 헤이그를 떠나야만 했습니다.

그동안 이위종은 특사의 대변인으로서 유창한 외국어로 각국의 정치인과 언론인을 상대해왔습니다. 일본의 침략적 행위에 대한 이상설과 이준의 설득력 있는 논리는 이위종의 입을 통해 빠짐없이 외국인들에게 전해졌지요. 그런데 이위종이 헤이그를 떠난 것입니다. 안타깝게도 이상설과 이준의 외교 활동은 크게 위축될 수밖에 없었습니다.

그렇게 이위종이 떠난 지 사흘 째 되던 날이었습니다. 충격적인 소식이 전해졌습니다. 특사 3인은 네덜란드 드 용De Jong 호텔에 머물고 있었는데, 바로 이 호텔방에서 이준이 숨진 채 발견된 것입니다. 이상설은 그의 갑작스러운 죽음에 슬픔을 감추지 못했습니다. 이준의 순국 소식을 전해들은 이위종도 시급히 헤이그로 돌아왔습니다. 설마 하는 심정으로 달려온 그는 눈앞에서 이준의 죽음을 확인하고는 망연자실하지 않을 수 없었습니다.

그렇다면 이준은 왜 갑자기 순국한 것일까요? 결론부터 말하면 정확한 사인은 밝혀지지 않았습니다. 여러 설이 있습니다.

일본의 문서 기록에 따르면 이준의 죽음은 얼굴에 난 단독丹毒 때문이라고 나와 있습니다. 단독은 일종의 세균 감염이지요. 하지만 신문 보도 속 사진에 그의 단독 증세는 전혀 나타나지 않았습니다. 그가 단독에 걸렸다는 것이 의심스럽지 않을 수 없습니다. 설령 단독에 걸렸다고 하더라도 면역력을 급격히 떨어뜨리는 지병이 있지 않고서는 단독만으로 죽을 수 없다는 게 일반적인 의학적 판단이기도 합니다. 그런 이유로 단독에 따른 사망설은 일본이 그렇게 몰고간 것으로 보는 시각도 있습니다. 일본 입장에서는 이준이 질병으로 죽은 게 되어야만 별다른 문제가 생기지 않을 것이기 때문입니다.

어떤 사람은 독으로 인해 죽었을 가능성을 제기하기도 합니다. 만약 그렇다면 이는 누군가에 의한 계획된 범죄로 이준이 살해되었다는 뜻이

서울 성북구 수유동에 있는 이준의 묘소. ⓒ 문화재청

지요. 한편으로 국내에서는 이준의 죽음에 대해 스스로 목숨을 끊은 것
으로 보는 기사가 게재되기도 하였습니다.

> 이준 씨가 세계평화회의에 한국 파견원으로 갔던 일은 세상 사람이 다 알
> 거니와, 어제 동경전보에 따르면 그가 충분忠憤한 마음을 이기지 못하고
> 자결하여 만국 사신 앞에 피를 뿌려서 만국을 경동驚動케 하였다더라.
> ─〈대한매일신보〉 1907년 7월 18일자 기사

어떻게 자결이라는 기사가 나오게 되었는지는 알 수 없으나, 이 기사

로 인해 국내의 많은 사람들은 그의 죽음에 대한 슬픔과 함께 일본에 대한 울분을 감출 수 없었습니다. 당시 작성된 여러 역사 기록도 이준의 순국을 헤이그에서 뜻을 이루지 못한 그의 자결로 적고 있지요. 그럼에도 불구하고 그의 사인은 오늘날까지 명백하게 밝혀진 바가 없습니다.

이준의 장례식은 네덜란드 현지에서 치러졌습니다. 그리고 아이크다운 공동묘지에 임시로 안장되었습니다. 그러다가 2개월 뒤에 이상설과 이위종은 현지 청년기독교협회의 도움을 받아 이준을 뉴브 아이큰다우 공동묘지에 안장할 수 있었습니다. 그의 유해는 고국으로 돌아와야 마땅했습니다. 하지만 일본은 재판을 열어 헤이그 특사 3인에 대해 사형 또는 종신형을 선고해 놓은 상황이었습니다. 이준의 유해가 돌아오더라도 온전히 안장된다는 보장이 없었지요. 그렇게 이준은 고국이 아닌 네덜란드에서 계속 잠들어 있어야만 했습니다.

그런데 그 세월이 너무도 길었습니다. 일제강점기에서 벗어나 광복을 이루었는데도 이준의 유해는 계속 네덜란드에 머물고 있었습니다. 광복 직후 당연히 조국의 독립을 위해 순국한 그의 유해를 우리나라로 고이 모셔야 했습니다. 하지만 미국과 소련에 의한 38도선 분할 통치, 이후 남북 분단과 6·25 전쟁 등의 소용돌이 속에서 차일피일 미루어졌지요. 그러다가 1963년이 되어서야 그의 유해는 조국으로 돌아와 서울 수유리 선열묘역에 안장될 수 있었습니다. 순국한 지 55년 만에 조국으로 돌아온 것입니다.

이준의 유해는 한국으로 돌아왔지만, 네덜란드에는 여전히 그의 순국을 기리는 건물이 남아있습니다. 바로 헤이그에 있는 이준 열사 기념관(이준 평화 박물관)입니다. 이 기념관은 새롭게 건립한 게 아닙니다. 원래 있던 호텔 건물을 개조한 것이지요. 그런데 왜 호텔 건물일까요? 그렇습니다. 헤이그 특사 3인이 20일간 머물던 드 용 호텔입니다. 이준이 순국한 그 호텔이기도 하지요. 오늘날 헤이그 시내의 바겐스트라트 거리에 위치한 이 건물은 호텔이라고 하기에는 민망할 정도로 작은 3층짜리 건물입니다. 1625년에 건축되어 이후 여러 차례 보수가 이루어졌지만, 그래도 원형이 잘 보존되어 고풍 있는 건물이기도 합니다.

이 건물의 2층과 3층 사이에는 커다랗게 영문으로 YI JUN PEACE MUSEUM이라는 글이 새겨져 있습니다. 건물 안 2층과 3층에는 3인 특사의 생애와 활동 등 다양한 자료가 전시되어 있고요.

이 기념관은 어떻게 해서 세워질 수 있었을까요? 여기에 또한 뭉클한 사연이 있습니다. 네덜란드에 20년 동안 살고 있던 사업가 이기항 씨는 드 용 호텔이 재개발로 매각될 위기에 처했다는 기사를 접하게 되었습니다. 그는 이준 열사가 순국한 역사적인 장소가 없어져서는 안 된다고 생각했습니다. 그래서 헤이그 시에 그 호텔은 역사적으로 매우 중요한 가치가 있기 때문에 절대 철거해서는 안 된다고 호소하였습니다. 대신에 자신이 호텔을 인수하겠다고 하였지요. 그리고 사재를 털어 20만 달러를 마련했습니다. 당시로서는 매우 큰 금액이 아닐 수 없습니다. 호텔을 인수한 이기항 씨는 사재를 더 보태고 국내 전국경제인연합회의 도움도 받았습니다. 그렇게 해서 1995년에 드 용 호텔이 이준 열사 기념관으로 개관될 수 있었습니다. 조국을 사랑하고, 조국의 역사를 지키려는 이기항 씨의 결단력이 없었다면 이 기념관은 세상에 존재하지 않았을 것입니다.

한편 2007년은 헤이그 특사 파견과 이준 열사 순국 100주년이 되는

네덜란드 헤이그에 있는 이
준 평화 박물관. ⓒ 안문경

해였습니다. 이를 기념하여 국내에서 여러 행사가 열렸는데, 헤이그에
서도 기념행사가 마련되었습니다. 헤이그 시는 이준 열사가 순국한 7월
14일을 '이준 평화의 날'로 지정했습니다. 또한 네덜란드 예술가들의
공동 기획으로 헤이그 특사 도착 장면을 재현하기도 하였지요. 네덜란
드 시가 주관한 이 행사에 한국 정부의 관계자들이 참여하였습니다. 무
엇보다 네덜란드 교민뿐 아니라 독일과 프랑스, 벨기에 등 주변 국가의
교민들도 대거 참여하면서 더욱 뜻깊은 행사가 되었지요.

이준은 낯선 땅 네덜란드 헤이그에서 울분을 삼키며 죽음을 맞아야
했는지도 모릅니다. 하지만 조국은 광복을 이루었고, 후세의 많은 사람
들은 그를 기억하고 존경하고 있습니다. 그가 이제는 편히 눈 감을 수
있으면 좋겠습니다. ♣

노블리스 오블리주를 실천한 독립운동가들

　노블리스 오블리주라는 말이 있습니다. 사회적 지위와 명성, 부를 가진 지도층 인사들이 사회적 책무를 다하기 위해 솔선수범하는 것을 말합니다. 미국 메이저리그에서 최고의 투수로 불리는 한 선수는 자신이 삼진 아웃을 잡을 때마다 일정 금액을 기부한다고 합니다. 이 같은 선행을 보고 어떤 기업은 이 선수가 삼진 아웃을 잡을 때마다 자신들도 기부금을 내겠다고 하였지요.

　이러한 사례는 노블리스 오블리주를 실천한 하나의 사례로 볼 수 있습니다. 우리 사회에서도 노블리스 오블리주의 필요성이 자주 회자됩니다. 물론 사회적으로 꼭 필요하지요. 하지만 노블리스 오블리주를 당연한 것으로, 혹은 쉬운 일이라고 보는 시선은 거두어야 할 것 같습니다.

너무도 개인화된 현대사회에서 그 같은 실천은 분명한 신념이 있어야 가능하기 때문입니다.

바로 그러한 신념으로 노블리스 오블리주를 실천한 독립운동가들이 여럿 있습니다. 그중에서 일제강점기에 우리에게 많은 감동을 주었던 대표적인 사례 두 가지를 들려드리고자 합니다.

독립을 위해 모든 것을 내려놓은 이회영 일가
• • •

세계에는 명문가에서 노블리스 오블리주를 실천한 다양한 사례들이 있습니다. 제1차, 제2차세계대전 때 영국의 명문가 자제들이 전쟁에 참여하여 그중 2천여 명이 전사했다고 합니다. 우리나라의 6·25 전쟁 당시에는 미군의 장성 아들이 대거 참전하였고, 그중 35명이 사상을 당했다고도 합니다. 이러한 노블리스 오블리주를 이야기할 때 빼놓을 수 없는 우리나라의 명문가가 있습니다. 바로 이회영 일가이지요.

1867년 서울에서 태어난 이회영은 오성과 한음으로 유명한 이항복의 후손입니다. 이항복 이래로 이회영의 아버지 이유승에 이르기까지 이 가문에서는 정승, 판서, 참판을 거의 계속해서 배출하였지요. 다시 말해 이회영은 당시 최고 명문가의 하나로 평가받는 가문의 한 사람이었습니다.

이회영은 조선의 전통적인 선비 집안 후손답지 않게 굉장히 근대지향적인 사람이었습니다. 인권의 소중함을 깨닫고 집안 노비에게 존댓말을 쓰기도 했고, 과부가 된 여동생을 손수 나서서 재가시키기도 하였지요.

이십대 초반에는 독립협회의 주요 인물들과 교류하며 민중 계몽을 위해 노력하기도 하였습니다. 이후 을사늑약이 알려지자 을사오적을 규탄하는 활동을 하였고, 애국계몽운동 단체이자 비밀결사인 신민회에서 국권 회복을 위한 활동에 나서기도 하였습니다. 이처럼 이회영은 젊어서부터 자신이 누릴 수 있는 특권에 안주하며 살지 않았습니다.

그러던 1910년, 우리나라의 국권이 일본에게 강탈되었습니다. 이회영을 비롯한 그의 6형제는 조국의 독립을 위해 자신들이 할 수 있는 일에 대해 고민하게 됩니다. 그리고 결단을 내립니다. 바로 전 재산을 처분하는 것이었습니다. 조선의 명문가답게 이회영 일가에는 주로 왕실에서 하사받은 땅이 엄청나게 많았습니다. 어느 학자가 '이회영 일가 독립운동 재산조사' 사업을 한 적이 있었습니다. 이때 드러난 땅을 오늘날의 시세로 환산하면 천문학적인 금액에 이른다고 합니다. 그토록 많은 재산을 이회영 가문 사람들은 시급히 처분하기 시작하였습니다. 물론 목적은 독립운동을 위해서였지요.

당시 비밀결사였던 신민회는 서간도에 독립운동 기지를 건설하려는 계획을 갖고 있었습니다. 그런데 황량하고 낯선 서간도에서 우리 한인들이 독립을 준비하는 것은 여간 막막한 일이 아닐 수 없었습니다. 기본적으로 생계를 유지하기 위한 토지가 있어야 했고, 여러 시설들도 마련되어야 했지요. 신민회에서 활동하고 있던 이회영은 이 계획에 적극적으로 나서기로 했습니다. 이회영을 비롯한 형제, 가족들이 재산을 처분해 독립운동 기지 건설에 사용하기로 한 것입니다.

이회영 일가는 한시가 급했습니다. 서둘러 재산을 팔아야 했기에 제 가격을 받지 못했습니다. 오늘날도 급하게 아파트를 팔려면 시세보다

낮은 가격에 매물을 내놓아야 하는 것과 마찬가
지입니다. 그렇게 처분한 재산은 오늘날로 치면
수백억 원에 이른다는, 아니 그 이상이라는 평
가도 있습니다. 이회영 일가는 자신들의 전 재
산을 독립운동을 위해 바치기로 결심하고 몸소
실천한 것입니다.

우당友堂 이회영의 생전 모습

이회영의 아내 이은숙은 회고록《서간도 시
종기 : 민족운동가 아내의 수기》에서 그 당시를
이렇게 묘사하고 있습니다.

> 8월 초에 여러 형제분이 모여서 같이 만주로 갈 준비를 하였다. 비밀리에
> 땅과 집을 파는데, 여러 집을 한꺼번에 처분하니 얼마나 어려우리요. 그
> 때만 해도 여러 형제분 집은 예전 대갓집이 그렇듯이 종살이를 하는 사람
> 이 수없이 많았고……우리 집 어른(이회영)은 옛날 범절을 따지지 않고 위
> 아래 구분 없이 뜻만 같으면 악수하여 동지로 대접하였다.……1만여 석
> 의 재산과 가옥을 모두 팔고 경술년(1910) 12월 30일에 큰집, 작은집이 함
> 께 압록강을 건너 떠났다. -《서간도 시종기》

서간도로 간 이회영 일가는 처분한 재산을 독립운동을 위한 여러 활
동에 사용하였습니다. 그 덕분에 서간도에 자치기관인 경학사가 조직될
수 있었고, 무관학교인 신흥강습소(훗날 신흥무관학교)가 설립될 수 있었습
니다. 이후 신흥무관학교가 배출한 많은 독립군이 그 유명한 봉오동 전
투와 청산리 전투에서 활약하기도 하였지요.

종로구 신교동에 위치한 우당기념관의 내부 모습. 이회영의 흉상과 오른쪽 벽에는 독립운동을 위해
만주로 떠날 것을 다짐하는 6형제의 그림이 있다.

그런데 여기서 우리가 정말 경계해야 할 게 있습니다. 이회영 일가가 자신들의 재산을 독립운동에 사용했다는 사실 하나에만 초점을 맞추는 것입니다. 물론 그조차도 정말 대단하고 존경받아 마땅한 일이지요. 하지만 그 이상으로 이회영 일가의 진심 어린 헌신을 우리는 기억해야 할 것 같습니다.

> 서너 마지기의 강냉이 밭에 농사를 지어 아이 셋, 사위, 일꾼 내외, 학생 6명까지 모두 13명의 식구가 지내니 겨울 석 달의 식량도 못 된다. 양식이 떨어지면 둘째 댁에서 강냉이 두 부대를 보낸다. 강냉이를 따서 3주가 되어 그걸 연자매로 갈면 두 말도 못 되니 며칠이나 먹으리요. -《서간도 시종기》

이회영 일가는 편안한 삶을 살지 않았습니다. 이회영 아내의 회고록을 보더라도 서간도에서 얼마나 혹독한 삶을 살았는지 알 수 있습니다. 이들 일가는 나라의 독립을 위해 자신들의 모든 것을 내려놓았습니다. 심지어 이회영 일가의 여인네들은 한때 머슴이었지만 독립군이 되기 위해 열심히 군사훈련을 받는 사람들의 옷도 빨아주었습니다. 이렇게 해서 이회영 일가가 길러낸 독립투사만 하더라도 약 3,500명에 이른다고 합니다.

이회영은 대한민국 임시정부에서 활동하는 등 만주와 상하이에서 활발하게 독립운동을 펼쳐나갔습니다. 그의 형제들도 마찬가지였지요. 하지만 그들 6형제의 삶의 마지막은 우리를 많이 안타깝게 합니다.

6형제 중 장남인 이건영은 1940년에 광복을 보지 못한 채 순국하고 말았습니다. 둘째 이석영은 1934년에 순국하였는데 굶어 죽었다고 합니다. 명문가의 둘째 아들이 굶어 죽었다니, 참으로 상상하기 어려운 일이지요. 셋째 이철영은 서간도에서 독립군 양성을 주도하던 신흥무관학교 교장을 역임하였고, 이후 1925년에 순국하였습니다. 넷째인 이회영은 만주 일본군 사령관 처단 계획을 추진하다가 일본 경찰에 체포되었고, 풀려나지 못한 채 끝내 순국하고 말았습니다. 일제의 모진 고문 때문입니다. 그리고 여섯째는 1933년에 베이징에서 가족과 함께 행방불명되었습니다.

6형제 중 다섯 명이 조국의 광복을 보지 못하고 독립운동을 하다가 순국한 것입니다. 오직 6형제 중 다섯째인 이시영만이 조국의 광복을 보았습니다. 그는 대한민국 정부의 초대 부통령이 되었고, 끝까지 강직한 삶을 살았습니다.

이처럼 이회영 일가는 우리나라 독립운동사에 위대한 발자취를 남겼습니다. 이회영에게는 1962년에 건국훈장 독립장이 추서되었습니다. 또한 2014년에는 이회영 일가의 헌신을 기리고 널리 알리고자 덕수궁 중명전에서 전시회가 개최되기도 하였지요. 이회영 일가의 삶을 되돌아보고 그들의 노블리스 오블리주를 기억하자는 뜻에서 마련된 행사였습니다.

돌이켜보건대 우리 역사에서 노블리스 오블리주를 말할 때 이회영 일가를 빼놓을 수 없습니다. 물론 그들 일가가 끝은 아닐 테지요. 역사의 고비마다 제2, 제3의 이회영 일가가 나올 수 있기를 바래봅니다.

난봉꾼이라 불리기를 마다하지 않은 독립운동가, 김용환
· · ·

또 한 사람의 명문가 후손이 있습니다. 경상도 안동 일대에서 손꼽히는 명문가인 의성 김씨 종가의 장손인 김용환입니다. 그는 김성일의 13대손이기도 하지요. 김성일은 퇴계 이황의 제자이자 영남학파의 큰 인물로 유명합니다. 임진왜란 당시에 의병으로 활약하기도 했고요.

그 김용환이 어릴 때 독립운동에 뛰어들 결심을 하게 되는 사건이 일어납니다. 할아버지가 일본 경찰에게 굴욕당하는 모습을 본 것입니다. 친척 중에 의병대에서 활동하던 김회락이 있었는데, 일본 경찰은 김용환의 할아버지가 그를 보호해줬다는 이유로 할아버지를 무릎 꿇게 하고 모욕을 주었습니다. 명문가 집안에서 할아버지의 위상은 그야말로 대단하였지요. 그런데 어린 김용환의 눈에 할아버지가 무릎을 꿇고 어쩔 줄 몰라 하는 모습은 큰 충격이었습니다. 어린 가슴에 울분이 솟아올랐습니다. 이 사건 이후로 김용환은 독립운동을 다짐하게 됩니다.

스무 살이 넘어 그는 의병 부대에 합류합니다. 서른이 넘어서는 독립운동의 중심지인 만주로 건너갔습니다. 만주에서 의용단에 합류한 김용환은 독립군을 지원할 군자금 모으는 일을 맡게 되었습니다. 그렇게 만주와 경상도를 오가며 군자금 모금에 힘쓰던 그는 1922년에 일본 경찰에 붙잡혀 투옥됩니다.

감옥살이를 하고 나온 후에 김용환은 180도로 변합니다. 독립운동가에서 난봉꾼이 되어버린 것입니다. 난봉꾼은 국어사전에서 '허랑방탕한 짓을 일삼는 사람'으로 정의하고 있습니다. 당시 김용환의 일상이 바로 그러했습니다.

그는 먼저 도박판에 빠졌습니다. 하루가 멀다 하고 도박을 하러 다녔습니다. 그런데 도박판에서 돈을 벌었다는 사람은 거의 없습니다. 대부분이 잃고 말지요. 게다가 도박은 중독성이 매우 강합니다. 본전 생각 때문에라도 쉽사리 헤어나오기 어려운 게 도박입니다. 김용환도 마찬가지였습니다. 도박판에 빠져서 집안 재산을 하나둘 탕진하기 시작했습니다. 도박에 정신이 팔려 아내가 아이를 낳은 줄도 몰랐다고 하니 말 다했지요.

그러던 김용환이 뉘우치는가 싶었습니다. 아내에게 미안했는지 앞으로는 절대 도박을 그만두겠노라고 약속하지요. 하지만 그의 약속은 하루 만에 깨지고 맙니다. 집안의 땅문서를 들고 또 도박판으로 향했습니다. 물론 땅문서가 온전할 리 없었지요. 종갓집의 장손으로 조상 대대로 내려온 땅마저도 도박판에서 날리자, 문중에서 안타까워하며 돈을 주고 어렵사리 땅을 되찾아 온 일도 있었다고 합니다.

하물며 그의 일탈은 이게 다가 아니었습니다. 시집 간 딸에게 장롱을 사라며 시댁에서 준 돈을 도박판에서 탕진한 일도 있었습니다. 부모라면 자식의 앞날을 위해 뭐라도 하나 더 해주고 싶은 게 인지상정입니다. 그런데 김용환은 도박판에 빠져 딸을 곤혹스럽게 한 것입니다. 남편으로서, 아버지로서 차마 할 수 없는 일들을 일삼았다고 해도 지나치지 않지요. 이렇듯 김용환의 삶은 난봉꾼 그 자체였습니다. 한때 독립운동가의 삶을 살고자 의병 운동에 뛰어들고 만주로 건너간 그의 모습은 전혀 찾을 수 없었습니다.

그런데 이후 놀라운 반전이 일어납니다. 난봉꾼의 실체가 뒤늦게 알려지기 시작한 것입니다. 시간을 거슬러 올라가 김용환이 난봉꾼이 되기 직전의 상황으로 돌아가보겠습니다.

김용환은 만주에 보내는 군자금 모금 활동을 하다가 일제에게 발각되어 감옥에 가게 됩니다. 출소한 뒤로는 그에 대한 감시가 더욱 철저해졌고, 이것을 김용환이 모를 리 없었습니다. 그래서 김용환은 완벽하게 변신하기로 마음먹습니다. 도박판에 빠진 난봉꾼이 되기로 말이지요. 그는 도박판에서 많은 돈을 잃기 시작했습니다. 이 또한 김용환의 위장 전술이었습니다. 그가 잃은 돈은 거의 독립운동 자금이 되어 만주로 보내졌습니다. 한쪽에서는 일부러 돈을 잃어주고, 김용환과 모의한 사람들은 그 돈을 따서 만주로 보낸 것입니다.

김용환의 이러한 비밀 송금 계획과 실천은 어설프게 진행되어서는 안 되었습니다. 조금이라도 허점이 보이면 일제에게 발각될 게 뻔하기 때문입니다. 그래서 김용환은 철저하게 난봉꾼이 되었습니다. 그 과정에서 가족에게 큰 실망을 주기도 했습니다. 문중 사람들을 비롯하여 많은 사람들에게 손가락질도 당했습니다. 천하에 그런 난봉꾼이 없다고 말이지요.

하지만 김용환은 비난에 굴하지 않았습니다. 가족의 고통 또한 민족의 독립을 위해서는 어쩔 수 없이 외면해야만 했습니다. 이렇게 해서 김용환이 만주에 보낸 독립운동 자금은 실로 큰 액수였습니다. 오늘날로 치면 대략 100억 원에 이른다고 합니다.

그가 생존했을 때 이러한 사실을 알고 있었던 사람은 극히 일부였습니다. 자금의 송금에 관여한 일부 독립군들이었지요. 김용환은 우리나라가 광복한 이듬해에 세상을 떠났습니다. 그때까지 그는 자신이 난봉꾼으로 살아야만 했던 일들을 굳이 말하지 않았습니다. 아마도 자기가 해야 할 일을 했고, 그토록 바라던 광복을 이루었으니 그것으로 만족하지 않았나 싶습니다.

난봉꾼으로 살아온 아버지의 실체를 딸은 뒤늦게 알았다고 합니다. 그 딸의 마음은 어떠했을까요? 온갖 수모와 멸시를 당하면서도 그렇게 살아야 했던 아버지가 불쌍해 보였을지도 모르겠습니다. 아버지에 대한 무한한 존경심도 있었을 것이고요. 한편으로는 가족에게 큰 고통을 주면서까지 꼭 그렇게 살았어야 했는지에 대한 원망의 마음도 없지는 않았을 테지요. 1995년 김용환에게 건국훈장이 추서되었습니다. 그때 김용환의 딸이 아버지에게 보내는 편지가 공개되었는데, 여기에는 아버지 김용환에 대한 존경심, 그리움, 회한 등이 잘 담겨 있습니다.

독립군 자금 위해 그 많던 천석 재산 다 바쳐도 모자라서 하나뿐인 외동딸 시댁에서 보낸 농값, 그것마저 바쳤구나. 그러면 그렇지 우리 아배 참봉 나리, 내 생각한 대로, 절대 남들이 말하는 파락호(양반의 자손으로서 집안의 재산을 몽땅 털어먹는 난봉꾼을 이르는 말)는 아닐진대······.
– 김후웅, <우리 아배 참봉 나리> 중에서

사실 독립운동가로서 김용환을 아는 사람들은 그리 많지 않습니다. 3·1운동, 대한민국 임시정부, 봉오동 전투, 청산리 전투 등에서 활약한 독립운동가들을 우리는 주로 기억하고 있지요. 하지만 교과서 등에서 다루어지지 않아서 그렇지, 각자의 분야에서 우리 민족의 독립을 위해 헌신적인 삶을 살아온 분들은 정말 많습니다. 국가보훈처나 광복, 독립운동 관련 사이트만 찾아봐도 평소에 이름을 들어보지 못했어도 위대한 삶을 살았던 독립운동가들을 무수히 확인할 수 있습니다.

그렇게 이름마저 남기지 못한 분들도 정말 많습니다. 비록 오늘날 이름이 남지는 않았지만 조국의 독립을 위해 자신의 삶을 바친 분들이 적지 않다는 뜻입니다. 예를 들어 우리는 3·1운동 하면 유관순을 주로 떠올립니다. 하지만 그 당시 열두 살에 불과한 이름 모를 어떤 학생은 만세운동을 하다가 총에 맞았어도 왜놈의 치료를 받지 않겠노라고 외치다 죽었다고 합니다. 또한 일제강점기에 일본인이 작성한 죄수 기록에는 우리가 잘 알지는 못해도 독립운동을 하다가 투옥되어 고문으로 병들고 혹은 죽은 사람이 부지기수라고 하지요. 이처럼 이름을 하나하나 알지는 못하지만, 그분들의 숭고한 희생이 있었기에 광복도, 오늘날의 대한민국도 있다는 사실을 잊지 말아야 하겠습니다. ♣

철강왕 앤드루 카네기의 진심

세계사에서 노블리스 오블리주의 실천 사례를 여럿 찾아볼 수 있다. 그중 평생을 통해 쌓은 부를 사회에 환원해 높은 평판을 얻은 대표적인 사례라면 철강왕 앤드루 카네기를 떠올릴 수 있다.

카네기는 1848년, 13세 나이에 미국으로 건너왔다. 그는 어려서부터 방적공, 전신기사 등 닥치는 대로 일을 해 돈을 벌었고, 투자를 통해 어느 정도 재산을 모을 수 있었다. 이후 제철 공장을 세우면서 본격적으로 철강 사업에 나섰다. 사업은 놀라우리만치 성장이 빨랐다. 그는 철저한 근대 자본가로서 이윤을 위해서라면 어떤 일도 마다하지 않았다. 그 과정에서 노동자들에게 많은 비난을 사기도 했다. 그 같은 노력의 결과 그는 세계적인 철강 재벌이 될 수 있었다. 사실 이때까지만 해도 그의 경영 능력을 존경하는 사람은 많았어도 인간적으로 존경하는 사람은 드물었던 듯하다.

그러다가 그가 재평가되는 일이 벌어졌다. 1901년 카네기는 자신의 철강 회사를 당시 금융계의 큰손인 모건에게 팔았다. 물론 비싼 가격에 팔았지만 잘나가는 철강 회사를 매각한 것은 다른 의중이 있어서였다. 이후 카네기는 경영에서 은퇴하고 카네기 재단을 설립하는 등 본격적으로 자선사업에 나섰다.

미국의 강철 사업가이자 자선가였
던 앤드루 카네기(1835~1919)의
생전 모습

"부자인 채로 죽는 것은 정말 부끄러운 일이다."

"통장에 많은 돈을 남기고 죽는 것처럼 치욕적인 인생은 없다."

그가 남긴 말이다. 이 같은 신념 아래 카네기는 1919년에 세상을 떠
나기 전까지 자선사업에 전념하였다. 그는 수천 개의 공공도서관과 시
카고 대학을 비롯해 수십 개의 대학을 설립하였다. 이처럼 카네기는 교
육과 문화, 과학 등 다양한 분야에서 자신이 모은 재산의 대부분을 사
회에 환원하였다. 카네기 재단은 그의 사후에도 줄곧 유지되어 공익 활
동을 활발하게 펼치고 있다.

애국의 길에서
가족과 마주하다

요즘은 편지를 쓰는 일이 그렇게 많지 않지요. 이메일이 대신하는 경우가 많기 때문입니다. 개인적인 안부 인사도, 공적인 연락도 거의가 이메일을 이용합니다. 간단한 인사나 업무는 휴대폰 문자메시지 또는 SNS를 통해 전달하기도 하고요. 그렇게 세상은 멀티미디어 세상으로 빠르게 바뀌어 가고 있습니다. 그렇다고 해서 손으로 직접 쓴 편지의 가치가 떨어진 것은 아닙니다. 오히려 정성이 담긴 '손편지'는 이메일이나 문자메시지에 비해 몇 배, 아니 몇십 배의 큰 감동을 주기도 합니다.

이번에는 그 손편지에 대해 이야기를 하려고 합니다. 대한제국 말기, 그리고 일제강점기에 민족의 독립을 위해 헌신한 사람들과 그 가족이 주고받은 손편지에 대해서 말입니다. 편지에는 그들이 나라를 사랑하고 가족을 생각하는 마음이 어떠했는지, 독립운동가의 가족으로 살아간다는 게 어떤 의미인지가 잘 드러나 있습니다.

아내에게 보낸 안창호의 편지
• • •

안창호(1878~1938)는 독립운동가 중에서도 손꼽히는 위인이지요. 위대한 인물들이 흔히 그렇듯이 안창호도 나라를 위해 평생을 바칠 것을 다짐하는 계기가 있었습니다. 그는 십대일 때 우리나라에서 청·일 전쟁이 일어나는 것을 보았습니다. 어린 안창호의 눈에는 참으로 기막힌 일이었습니다. 청나라와 일본 두 나라가 우리나라에서 전쟁을 했으니, 그것도 우리나라를 빼앗기 위한 전초전 격으로 말이지요. 이 모두가 나라의 힘이 약하기 때문이라는 것을 안창호는 뼈저리게 느꼈습니다.

스무 살 무렵에 안창호는 독립협회에서 활동합니다. 이 당시 진심이 우러나는 명연설로 대중의 마음을 사로잡지요. 그러다가 1902년에 더 넓은 세계를 경험하고 강한 나라의 모습을 직접 확인하기 위해 미국으로 유학길에 오르게 됩니다. 그리고 타국에서 정말 힘들게 살아가는 우리 동포들을 보고 자신이 해야 할 역할에 대해 고민합니다. 그렇게 해서 1905년 미국 샌프란시스코에서 안창호가 중심이 되어 조직된 것이 공립협회입니다. 안창호는 공립협회의 초대 회장으로서 교민들을 대상으로 계몽운동을 전개하고, 그들의 친목과 권리를 위한 일들에 매진합니다. 기관지인 〈공립신보〉를 발행하는 등 공립협회는 한인 사회에서 영향력 있는 단체로 성장해 나갔습니다. 안창호의 리더십이 공립협회를 통해 본격적으로 발휘된 것이지요.

그러다가 안창호는 1907년에 귀국하게 됩니다. 1905년의 을사늑약 후에 국권은 급속하게 피탈되어 갔습니다. 귀국을 서두를 수밖에 없었 지요. 이후 안창호는 양기탁, 이동휘 등과 함께 애국계몽운동 단체인 신민회를 조직합니다. 안창호는 민족의 실력을 양성하는 것이 중요하다고 판단하였습니다. 그래서 신민회를 통해 민족 경제의 자립을 도모하고, 교육을 통해 국민을 계몽하고자 하였습니다. 하지만 일제의 탄압으로 신민회 활동은 크게 위축될 수밖에 없었습니다.

그러던 1909년, 안창호는 만주 하얼빈에서 감행된 안중근 의사의 의 거에 관련되어 있다는 혐의를 받고 개성 헌병대로 끌려갔습니다. 안창 호는 가족 사랑이 남다른 사람이었습니다. 자신의 삶을 나라에 바치리 라 다짐한 그였지만, 그러려면 가족과 함께하는 평온한 삶도 내려놓아 야 한다는 것을 잘 알았지요. 그해 가을 안창호는 아내에게 앞으로 그 같은 자신의 삶을 예견하듯이 편지를 씁니다.

사랑하는 아내 혜련

지금 시대가 부부의 안락을 누릴 때가 못 되었사오니 그대는 생각을 널리 하고 뜻을 활발히 하여 염려하지 말고 안심하고……이런 말로 권면하는 것이 도리어 염치없는 것 같지만 나는 결단코 방탕한 남자가 되어 집을 잊고 아니 돌아가는 자는 아니니라. 그런즉 나만 사랑하지 않고 나라를 사랑하는 그대는 나를 나라 일하라고 원방遠方에 보낸 셈으로 치고 스스로 위로받기를 원하나이다.

1909년 11월 20일 당신의 남편

임시정부 내무총장 시절의 도산 안창호 모습

안창호는 아내에게 당신도 나라를 사랑하니까, 그 사랑하는 마음으로 남편은 나라를 위해 멀리 보냈다고 여기라고 합니다. 앞으로 자신에게 어떤 일이 있을지 모르기 때문에 마음을 단단히 먹으라는 말이기도 하지요. 그의 나이 삼십대 초반일 때입니다.

안창호가 편지에서 썼듯이 이후 그는 가족을 떠나 먼 곳을 떠돌게 됩니다. 베이징과 칭다오를 거쳐 연해주에 갔다가, 다시 미국으로 가서 대한인국민회 중앙총회를 결성해 해외 한인의 총결집을 위해 노력합니다. 그 뒤로는 흥사단, 대한민국 임시정부에서 활동하는 등 민족 지도자로서 큰 역할을 하였지요.

1932년에 안창호는 일본 경찰에 잡혀서 국내로 압송됩니다. 윤봉길의 홍커우 의거와 관련되었다는 혐의였는데, 치안유지법 위반을 이유로 4년형을 선고받습니다. 그가 오십대 중반 무렵이었습니다. 감옥살이를 하던 그는 이때 아내에게 여러 통의 편지를 썼습니다.

나의 사랑하는 아내 혜련

당신이 경성 서대문 형무소로 두 번 보낸 편지를 다 반가이 받아보았나이다.……이왕에도 말하였거니와 내가 평생에 당신에게 기쁨과 위안을 줌이 없었고 이제 느지막에 와서 근심과 슬픔을 주게 되오니 불안한 마음을 측량할 수 없습니다. 더욱이 가사와 아이들에 대한 모든 시름을 늘 혼자 맡게 하니 미안하고 미안합니다. 내가 조용한 곳에 홀로 있어 평소에 그릇한 여러 가지 허물을 생각하고 한탄하는 중에 남편의 직분과 아비의 직분을 다하지 못한 것이 또한 스스로 책망하는 조건입니다.…… 당신이 만일 수심하는 빛을 늘 띠고 있으면 집안에 화기가 없어지고 따라서 아이들의 신체발육과 정신 발달에 큰 영향을 줄 터이니 내게 관한 모든 것은 아주 없어진 양으로 일소하여 버리고 가정에 유쾌한 공기와 아이들의 활발한 기상을 만들기로 주의하시오. …… 아이들한테도 자주 편지하고자 하나 형편이 허락지 않습니다. 아이들 보고 싶은 마음은 평시보다 더욱 간절합니다.

1933년 6월 1일 당신의 남편

옥중에서 아내에게 보낸 이 편지는 읽는 사람의 마음을 참으로 먹먹하게 합니다. 안창호는 아내에게 평생 동안 기쁨과 위안을 주지 못했다고 자책합니다. 남편으로서, 아버지로서 그 직분을 다하지 못한 것에 대해서도 슬퍼합니다. 편지 말미에는 아이들을 보고 싶어 하는 안창호의 마음 또한 절절하지요.

이 편지를 쓰며 안창호는 어떠했을까요? 아마 많은 눈물을 흘렸을 것 같습니다. 그래도 나라를 위해 평생을 살아온 것에 대한 후회는 없었을 테지요. 그는 옥중 심문에서 일본 관헌에게 이렇게 대답한 적이 있습니다.

"나는 밥을 먹어도 대한의 독립을 위해, 잠을 자도 대한의 독립을 위해서 해왔다. 이것은 내 목숨이 없어질 때까지 변함이 없을 것이다."

조국 독립을 향한 안창호의 소신을 그대로 보여주는 대목입니다. 다시 태어나 똑같은 상황에 처하더라도 안창호는 또 조국 독립을 위해 한 평생을 살지 않았을까요? 하지만 아무리 그렇다고 해도 가족은 다릅니다. 가족에 대한 안창호의 미안한 마음은 가슴 한편에 늘 응어리로 남았을 것입니다.

그가 걸어왔던 조국 독립을 위한 길, 그가 가고 싶었던 가족과 행복을 누리는 길. 분명 서로 다른 길입니다. 마주할 수 없는 이 평행의 길에서 안창호는 전자의 길을 택했지요. 우리가 더더욱 안창호를 기억해야 할 또 하나의 이유입니다. 더불어 지금 이 순간 우리의 가족을 더더욱 사랑해야 할 이유가 될 것도 같습니다.

죽음을 앞둔 아들에게, 죽음을 앞두고 아들에게

• • •

나라와 민족을 위해 의로운 행동으로 목숨을 바친 사람을 의사義士라고 합니다. 우리 역사에는 국난의 시기에 이러한 의사들이 적지 않았습니다. 그들의 나라 사랑하는 마음과 헌신은 경중을 비교하는 것 자체가 큰 결례이지요. 다만, 우리에게 잘 알려진 의사 중 가족에게 보낸 편지와 관련해 두 사람을 소개하려고 합니다. 바로 안중근과 윤봉길이지요.

안중근(1879~1910)에 대해 자신의 목숨을 바쳐서 일제와 싸웠던 열혈 투사로 기억하는 사람들이 많습니다. 물론 맞기는 하지만, 그가 항일 무력투쟁을 하기 전에 지식인으로서 애국계몽운동에 적극적으로 나섰던 인물이라는 사실을 아는 사람은 드문 것 같습니다.

안중근은 1895년에 아버지의 영향으로 천주교에 입교하게 됩니다. 토마스라는 세례명을 받았지요. 당시에 서양 종교가 우리나라에 들어오고 포교되는 과정에서 교육, 문화, 의료 등 다양한 근대 문물이 활발하게 전파되었습니다. 천주교에 입교한 안중근도 자연스럽게 근대 학문과 사상에 많은 관심을 갖게 됩니다. 그리고 1905년 을사늑약 이후에는 회사(상회), 학교 등을 설립하면서 민족의 실력을 양성하기 위한 애국계몽운동에 적극적으로 뛰어들었습니다. 1907년에는 일제의 재정적 예속에서 벗어나기 위한 국채보상운동에 적극 나서기도 하였지요.

그러던 안중근이 의병 투쟁으로 방향을 선회하게 됩니다. 고종이 강제 퇴위당하고, 대한제국 군대가 해산되는 모습을 보며 더 이상 가만히 있을 수는 없다고 판단한 것이지요. 안중근은 국내외에서 활발하게 의병 투쟁을 전개해 나갑니다. 1909년, 마침내는 의거를 단행하기로 결심

안중근과 그의 어머니인 조마리
아 여사의 생전 모습

하지요. 우리나라 침략의 원흉인 이토 히로부미를 사살하기로 의병 동
지들과 맹세로 다짐한 것입니다.

　이토 히로부미는 을사늑약을 주도한 인물이었습니다. 을사늑약 직후
에는 일본이 대한제국을 통제하기 위해 설치한 통감부의 초대 통감이기
도 하였지요. 안중근은 이토 히로부미가 주창하는 동양 평화가 기만적
인 것이라고 보았습니다. 그래서 국권 침탈의 원흉이자 동양 평화를 해
치는 이토 히로부미를 반드시 처단해야 한다고 결심했지요.

　1909년 10월 26일, 안중근은 만주 하얼빈 역에서 이토 히로부미에
게 총격을 가했고, 그 자리에서 체포됩니다. 이토 히로부미는 얼마 후에

죽었습니다. 러시아 경찰에게 체포된 안중근은 이후 일본에 넘겨져 뤼순 감옥에서 재판을 받습니다. 그리고 1910년 2월 14일의 재판 결과 안중근에게 사형이 선고됩니다. 3월 26일, 사형이 집행되어 안중근은 순국하고 맙니다.

바로 그 무렵 안중근의 어머니인 조마리아 여사가 아들에게 쓴 것으로 알려진 편지 한 통이 우리 가슴을 울립니다.

> 네가 만약 늙은 어미보다 먼저 죽은 것을 불효라고 생각한다면 이 어미는 웃음거리가 될 것이다. 너의 죽음은 너 한 사람의 것이 아니라 조선인 전체의 공분公憤을 짊어지고 있는 것이다. 네가 항소를 한다면 그것은 일제에 목숨을 구걸하는 짓이다. 네가 나라를 위해 이에 이른즉 딴 맘 먹지 말고 죽으라. 옳은 일을 하고 받은 형이니 비겁하게 삶을 구하지 말고, 대의에 죽는 것이 어미에 대한 효도이다. 아마도 이 편지가 이 어미가 너에게 쓰는 마지막 편지가 될 것이다. 여기에 너의 수의壽衣를 지어 보내니 이 옷을 입고 가거라. 어미는 현세에서 너와 재회하기를 기대치 않으니 다음 세상에는 반드시 선량한 천부의 아들이 되어 이 세상에 나오너라.

이 편지에는 조마리아 여사의 결연한 마음이 잘 담겨 있습니다. 대의에 죽는 것이 어미에 대한 효도라는 표현이 이를 잘 말해주지요. 역시 그 어머니의 그 아들인 것 같습니다. 실제로 조마리아 여사는 안중근이 순국한 이후에 연해주, 상하이 등지에서 독립운동을 하는 사람들의 생계를 봐주고 안살림을 챙기는 등 헌신적으로 독립운동을 도왔습니다.

하지만 자식의 죽음을 두고서 가슴 아프지 않은 어머니가 어디 있겠

서울 효창공원에 있는 안중근의 가묘(왼쪽의 비석이 없는 무덤). 가묘 앞에는 "이곳은 안중근 의사의 유해가 봉환되면 모셔질 자리로 1946년에 조성된 가묘입니다."라는 글이 적혀 있다.

습니까? 편지에는 그렇게 썼지만 아마 그 어느 누구보다 가슴이 아팠을 것입니다. 아니, 아프다는 표현으로는 부족하겠지요. 자식이 부모보다 먼저 세상을 떠나게 되면 부모는 자식을 무덤이 아닌 가슴에 묻는다고 합니다. 죽는 그날까지 자식에 대한 슬픔과 그리움을 가슴 한편에 묻어 두고 살 수밖에 없다는 말이지요. 그러하기에 조마리아 여사의 편지는 우리에게 더욱 진한 감동을 남깁니다.

오늘날 안중근의 묘는 서울 효창공원에 있습니다. 그런데 진짜 묘가 아니라 유골이 없는 가묘입니다. 광복 후인 1946년 백범 김구의 주도로 이봉창, 윤봉길, 백정기 등 독립운동을 하다가 목숨을 잃은 세 사람의 유골이 효창공원 내에 안장되었습니다. 그런데 당시에 안중근의 묘는 가묘로 만들어 놓았지요. 그때까지 안중근의 유골을 찾지 못했는데, 훗날에 찾으면 효창공원에 안장하기 위해 미리 묏자리를 만들어 놓은 것입니다.

안중근은 죽기 전에 그의 동생에게 자신이 죽거든 광복된 조국에 묻어 달라는 말을 남겼다고 합니다. 하지만 안타깝게도 그의 유골은 고국에 돌아오지 못하고 있습니다. 여전히 그의 유골을 못 찾았기 때문입니다. 안중근의 가묘가 진짜 묘로 바뀌었으면 좋겠습니다. 그래서 그의 묘를 찾는 사람들이 더욱 늘고, 그의 애국심을 기리는 사람들이 더욱 많아졌으면 좋겠습니다.

조마리아 여사의 편지가 나라를 위한 의거로 죽음을 맞는 아들에게 어머니가 보낸 편지였다면, 이번에는 목숨을 바칠 각오로 의거에 뛰어드는 아버지가 아들에게 보낸 편지를 소개하고자 합니다. 바로 윤봉길 의사에 대한 이야기입니다.

1908년에 태어난 윤봉길은 일제강점기인 1918년에 오늘날의 초등학교라고 할 수 있는 보통학교에 입학하였습니다. 하지만 이듬해의 3·1운동을 지켜보며 일제 치하의 식민지 교육에 불만을 품고 자퇴합니다. 하지만 그가 학문의 길을 멈춘 것은 아닙니다. 여러 수단과 지인을 통해 신학문을 공부하고, 우리 민족의 대의가 무엇인지 고민하게 되지요. 그러다가 스무 살 무렵에는 야학을 개설하는 등 농촌계몽운동을 활발히 하였습니다.

이후 그가 23세가 되던 해였습니다. 국내외의 독립운동 소식을 접하던 윤봉길은 자신이 가야 할 길이 무엇인지 확신하게 됩니다. 그러고는 바로 중국 망명길에 올랐지요. 그 당시 윤봉길의 각오가 잘 드러나 있는 글이 있습니다. 그는 이렇게 적었습니다.

> 날이 가고 해가 갈수록 우리의 압박과 고통은 점점 더할 뿐이다. 나는 한 가지 각오가 있었다. 시들어 가는 삼천리강산을 바라보고만 있을 수 없었다. 수화水火에 빠진 사람을 보고 그대로 태연히 앉아 볼 수는 없었다. …… 사랑스러운 부모, 형제, 아내, 자식과 따뜻한 고향 산천을 버리고 쓰라린 가슴을 부여잡고 압록강을 건넜다.

윤봉길은 나라가 위태로운 상황에서 이대로 있을 수 없다는 생각에 독립투쟁을 본격적으로 펼치기 위해 집을 떠난 것입니다. 집을 떠나며 그는 아래의 한 줄 편지만을 남겼다고 합니다.

'장부출가 생불환丈夫出家生不還'

이 말은 집을 나간 장부가 뜻을 이루기 전에는 살아 돌아오지 않는다는 의미입니다. 이 편지를 본 가족의 심정은 어떠했을까요? 솔직히 오늘날의 입장에서 한 집안의 가장이 이 같은 편지를 남기고 떠났다면 정말 무책임하다고 보는 시각이 많을 테지요. 실제로 윤봉길은 15세에 결혼했기 때문에 23세 때는 이미 아내와 자식을 둔 가장이었지요. 그러한 윤봉길이 집을 떠난 것입니다.

하지만 윤봉길은 결연히 자신의 신념대로 움직였고, 그의 가족도 이를 나라 잃은 백성이 짊어져야 할 숙명으로 받아들였습니다. 그렇게 자신의 의지에 따라 중국으로 떠났지만, 그도 인간이었기에 마음이 많이 아팠던 것 같습니다. 그가 남긴 글에서 '쓰라린 가슴을 부여잡고 압록강을 건넜다'라는 표현이 이를 잘 말해줍니다.

중국으로 간 윤봉길은 만주, 칭다오, 상하이 등에서 활동합니다. 그러다가 1932년, 그의 나이 25세가 되던 해에 김구를 만나게 됩니다. 한인 애국단을 이끌며 이봉창의 도쿄 의거를 지휘하기도 했던 김구는 윤봉길에게 홍커우 공원 의거를 제안합니다.

"저는 이제부터 가슴 속 한 점의 번민이 없어지고 편안해집니다. 준비하십시오."

그 같은 김구의 제안에 윤봉길은 자신도 바라던 바였다는 듯이 흔쾌히 받아들였습니다.

1932년 4월 29일, 홍커우 공원에서 열린 일제의 상하이 승전식 및 일왕 생일 축하행사에서 윤봉길은 폭탄 의거를 합니다. 그리고 그 자리에서 체포되고 말았지요. 윤봉길은 모진 고문을 당하였고, 곧 군법회의에서 사형선고를 받았습니다. 이때 윤봉길이 아들에게 남긴 편지(유서) 내용이 오늘날 전하고 있습니다.

너도 만일 피가 있고 뼈가 있다면 반드시 조선을 위해서 용감한 투사가 되어라. 태극기 깃발을 높이 드날리고 나의 빈 무덤 앞에 한 잔 술을 부어 놓아라.

윤봉길은 아들에게 아버지의 죽음이 나라를 위한 것이었으며, 아들도 그러한 삶을 살았으면 하는 바람을 숨기지 않습니다. 자신의 죽음에 대한 대가는 한 잔의 술이면 족하다고도 하지요. 죽음을 앞둔 아버지가 아들에게 내비치는 결연함에 마음이 뭉클해집니다.

서울 양재동 매헌 윤봉길 기념관에 있는 그의 동상. 왼쪽에는 홍커우 의거 직후 일경에 체포되는 모습이, 오른쪽에는 거사 삼일 전에 현장을 답사하고 지은 유작시 〈푸른 풀을 밟으며〉가 새겨져 있다.

푸른 풀을 밟으며

처처한 芳草여 / 명년에 春色이 이르거든 / 왕손으로 더불어 같이 오게

청청한 방초여 / 명년에 춘색이 이르거든 / 고려 강산에도 다녀가오

다정한 방초여 / 금년 4월 29일에 / 放砲一聲으로 맹세하세

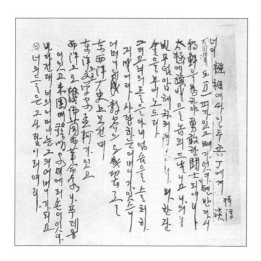

'강보에 싸인 두 병정에게'로 시작하는 윤봉길의 유서. 거사 이틀 전에 급하게 쓴 것으로 알려져 있다.

안중근의 어머니가 죽음을 앞둔 자신의 아들 안중근에게 보낸 편지, 그리고 죽음을 앞둔 윤봉길이 그의 아들에게 보낸 편지, 이 두 편지의 공통점은 무엇일까요? 여러 가지가 있겠지만 죽음 앞에서도 당당했던 그들의 결연한 의지가 가장 먼저일 것입니다. 그리고 그처럼 결연한 의지는 어디에서 나오는 것일까요? 편지를 쓴 이의 조국에 대한 애국심, 민족의 독립을 위한 갈망 등일 것입니다. 하지만 다른 시각에서도 보았으면 좋겠습니다. 눈물을 삼키며 전하는, 가족을 위한 마지막 배려라는 면에서 말이지요.

안중근의 어머니 편지를 보면 조금도 슬퍼하는 기색을 엿볼 수 없습니다. 오히려 당당해지라는 어머니의 목소리가 쩌렁쩌렁하게 울립니다. 조마리아 여사는 자신이 편지에서 조금이라도 약한 모습을 보이면 아들이 마음 편히 떠나지 못할 거라는 사실을 너무도 잘 알았습니다. 그래서 사랑한다는 말 한마디조차 쓰지 못했을지도 모릅니다. 이렇게 생각하니 마음이 더욱 뭉클해집니다. 비록 편지에 사랑한다는 말은 없었지만, 어머니의 눈물겨운 사랑이 더욱 절절히 느껴지기 때문입니다.

윤봉길이 아들에게 남긴 편지도 마찬가지입니다. 윤봉길은 이것이 아들에게 전하는 마지막 말인 것을 알면서도 끝까지 당당한 모습을 보입니다. 사랑한다는 말 한마디 없이 말이지요. 이 또한 아버지가 없더라도 약해지지 말고, 당당하게 살아가기를 바라는 윤봉길의 마지막 바람이었는지 모릅니다.

반만년 우리 역사에서 국난은 셀 수 없이 많았습니다. 그때마다 애국의 길에서 가족과 마주한 사람들이 있었지요. 그들은 가족에 대한 사랑과 슬픔을 결연한 의지로 승화시켰습니다. 하지만 그들의 나라 사랑하는 마음 한편에는 저마다 감내해야 할 크나큰 역경과 슬픔이 있었을 테지요. 그 덕분에 오늘의 우리가 있을 것입니다. 잊으려야 잊을 수가 없습니다. ♣

옥중에서 딸에게 쓴 편지, 세계사 편력

《세계사 편력》은 인도의 독립운동가 네루가 수감 중 자신의 딸에게 보낸 편지를 묶은 것이다. 세계의 유명한 역사를 다루었지만, 역사 전문가가 작심하고 쓴 역사서는 아닌 것이다.

네루는 15세에 영국으로 건너가 케임브리지 대학을 졸업하고, 변호사가 되어 인도로 돌아왔다. 하지만 영국 식민지 상태에 놓여 있는 조국의 현실을 깨닫고 자신의 삶을 나라의 독립에 바칠 것을 다짐한다. 그렇게 시작한 반영 투쟁으로 모두 아홉 차례나 투옥이 되었는데,《세계사 편력》은 1930~1933년까지 수감 생활을 하면서 작성되었다.

앞서 언급했듯이 이 책은 딸에게 보낸 편지를 묶은 것이다. 당시 그의 딸 인디아 간디의 나이는 13세에 불과했고, 어머니와 할아버지도 투옥되었기에 사실상 그녀는 홀로였다. 그러한 딸을 생각하는 아버지 네루의 마음은 어떠했을까? 그도 아버지였다. 마음이 아프지 않을 리 없었다. 또한 딸을 보고 싶은 마음도 간절했을 것이다. 하지만 그는 눈물겨운 편지를 쓰면 오히려 딸이 약해질 것이라고 생각했다. 그래서 네루는 자신의 딸이 세계사적 안목을 지닌 강한 사람으로 자라주기를 바라며 세계사 이야기를 편지에 쓰기 시작했다. 그렇게 196회분의 편지를 모은 책이《세계사 편력》이다.

인도의 독립운동가이자 정치가였던 자와할랄 네루 (1889~1964)와 모한다스 간디

　이 책, 아니 이 편지를 읽고 자란 인디아 간디는 훗날 어떻게 되었을까? 그녀는 아버지의 기대에 그대로 부응했다. 인디아 간디는 인도의 첫 여성 총리를 지내며 인도의 정치, 사회 발전에 크게 기여했다. 그녀의 아들, 즉 네루의 외손자 역시 인도의 총리를 지냈다.

　역사에 만약이라는 가정은 없다지만, 만약 네루가 세계사적 안목을 높여주는 편지가 아니라 딸을 그리워하고 달래는 편지만 보냈다면 어떻게 되었을까? 딸이 그처럼 강하고 훌륭한 인물로 성장할 수 있었을까? 물론 편지와 상관없이 그랬을 수도 있지만, 당장의 연민보다는 딸의 미래를 내다보며 묵묵히 세계사 이야기를 들려준 네루의 혜안을 존경하지 않을 수 없다.

독일로 간
광부와 간호사

국내의 어느 영화제 시상식에서 남우주연상을 차지한 배우가 이렇게 수상 소감을 말한 기억이 납니다.

"수십 명의 스태프들이 차려놓은 밥상에서 저는 그저 맛있게 먹기만 하였습니다. 저만 스포트라이트를 받아 죄송합니다."

그러자 사람들은 이 배우의 겸손함을 칭찬하였지요. 물론 그가 자신의 겸손함을 드러내고자 의도적으로 한 멘트는 아닐 것입니다. 실제로 그의 언변에는 스태프들에 대한 존경과 감사의 마음이 그대로 담겼다는 평가를 받기도 하였습니다.

영화가 작품성과 흥행에서 인정받으면 가장 먼저 감독과 몇몇 배우가 주목을 받습니다. 하지만 그 영화가 만들어지기까지 보이지 않는 곳에서 노력을 기울인 많은 사람들이 있습니다. 연이은 밤샘 촬영에도 한 장면 한 장면 배우가 최상의 연기를 펼칠 수 있도록 최적의 여건을 만들어준 그들이 없었다면 영화는 빛을 보지 못했을 것입니다.

오늘날의 대한민국을 생각해봅니다. 일제강점기, 6·25 전쟁을 겪은 우리나라는 세계 사람들이 깜짝 놀랄 만큼 눈부신 발전을 이루었습니다. 이 발전을 이끈 여러 요인들이 있을 테지요. 여기에서는 그중 1960년대부터 독일에 파견되었던 근로자들에 대한 이야기를 하려고 합니다. '대한민국의 발전'이라는 작품에 결코 빠져서는 안 될 그들의 이야기를 말이지요.

국민을 독일로 보내야 했던 나라, 떠나야 했던 사람들
• • •

앞에서도 잠깐 소개했지만 '극한 알바' 체험을 다룬 TV 예능 프로그램이 있었습니다. 보통 사람들이 쉽게 하지 못할 직업을 출연자들이 하루 동안 체험하며 현장에서 일하는 분들에 대한 고마움을 느끼게 해주는 프로그램이지요. 63빌딩 유리 닦기, 산더미처럼 쌓인 굴 까기, 끝없이 밀려드는 택배 정리하기 등등 정말 힘든 일들이었습니다. 그중에 단연 시청자들의 눈길을 끌었던 직업은 바로 탄광 일이었습니다. 그야말로 시작부터 '극한'이 느껴졌습니다. 한 시간 동안 무려 1천 미터의 땅속으로 들어가야 했기 때문이지요. 더욱이 이어지는 탄광 작업은 출연자들의 입마저 다물게 했습니다. 예능 프로그램의 속성상 대화가 있어야 촬영 분이 나오는데, 열악한 환경과 강도 높은 노동으로 인해 대화는 제한적일 수밖에 없었습니다. 8시간의 작업을 마치고 나온 그들의 모습은 석탄 가루와 땀으로 범벅이 되어있었습니다.

탄광 일이 정말 힘들고 위험하다는 것은 알고 있었지만, 막상 1천 미터 땅 밑에서 일하는 광부들의 모습을 보니 놀라운 한편으로 걱정, 고마움 등 여러 생각이 들었습니다. TV 속 장면은 어쩌면 실제 광부들 삶의 한 단편에 불과할 텐데 말이지요. 여하튼 프로그램을 보면서 '정말 힘든 게 탄광 일이구나'라는 생각을 다시 한 번 하게 되었습니다.

그처럼 힘든 탄광 일을 위해 저 멀리 독일(당시는 독일 통일 이전이므로 정확히는 서독)로 떠난 사람들이 있습니다. 1960년대부터 독일로 파견된 광부들이지요. 이들은 왜 독일까지 가서 그 힘들고 위험한 일을 해야만 했을까요?

6·25 전쟁으로 국토는 폐허가 되었습니다. 인구가 크게 줄고 산업 시설과 농경지도 초토화되었지요. 경제난 속에 실업자는 늘어만 갔습니다. 결국 우리나라는 미국의 경제 원조를 받아야 하는 처지에 놓입니다. 미국의 원조가 당시 우리에게 큰 도움이 되었다는 사실은 부정할 수 없습니다. 하지만 우리 경제와 산업의 근본 경쟁력을 높일 수는 없었지요. 특히 1960년대에 들어 미국의 지원도 무상 원조에서 차관 방식으로 바뀌면서 우리 경제의 어려움은 더욱 커져만 갔습니다.

이때 정부는 경제 발전을 위한 야심찬 계획을 세웠습니다. 바로 '경제 개발 5개년 계획'입니다. 장면 정부가 수립한 이 계획은 박정희 군정 때 실행에 옮겨집니다. 하지만 경제 발전을 위해 우리에게 필요한 것들은 너무도 많았습니다. 특히 달러가 필요했지요. 산업 생산에 필요불가결한 석유 등의 원료 수입을 위해서도 달러는 꼭 있어야 했습니다.

정부는 달러를 확보하기 위해 다방면으로 고심했지만, 그 당시 우리 경제가 수출을 통해 대규모의 달러를 확보할 수 있는 상황은 아니었습니다. 어쩔 수 없이 외국에 차관을 빌려야 하는 경우가 많았습니다. 그런데 외국이 무엇을 믿고 한국에 돈을 빌려줄까요? 결국 담보가 필요한 경우가 있었어도 한국은 담보로 제공할 그 무엇도 제대로 없었습니다.

그러던 차에 독일과 차관 협상을 하게 되었습니다. 정부는 독일로부터 상업 차관 3천만 달러를 빌리려고 했습니다. 독일 역시 담보를 요구했는데, 바로 그때 협상에서 제시된 것이 독일로의 근로자 파견이었습니다. 당시에 독일은 제2차세계대전 패망 후 '라인강의 기적'이라는 말이 나올 정도로 급속한 경제 성장을 이루었습니다. 당연히 각 분야에서 많은 노동력을 필요로 했지요. 독일은 한국이 근로자를 파견하면 그들의 봉급을 담보로 차관을 빌려주겠다고 하였습니다. 그렇게 해서 독일로의 근로자 파견 계획이 수립되었습니다.

문제는 독일에서 하는 일이었습니다. 어느 하나 힘들지 않은 일이 없을 테지만, 우리 근로자들이 독일에서 해야 할 일은 탄광 작업이었습니다. 누구든 선뜻 나서기가 쉽지 않은 일이지요. 게다가 1962년에는 독일 광산에서 큰 폭발 사고가 있었습니다. 이때 무려 300여 명의 광산 근로자들이 목숨을 잃었습니다. 그래서 독일인들조차 광산 일을 꺼리게 되었고, 독일은 광산 근로자들을 외국에서라도 구해야만 할 판이었습니다.

1963년에 한국 정부는 독일에 보낼 광부 모집에 본격적으로 나섰습니다. 당시에 정부의 고민은 이만저만이 아니었습니다. 머나먼 독일까지 가서 그것도 탄광 일을 하겠다고 지원할 사람들이 얼마나 있을지, 더

막장에서 휴식을 취하고 있는 파독 광부들의 모습. 파독 광부는 한때 500명을 뽑는 데 46,000명 이상의 지원자가 몰렸다고 하며, 1977년까지 8천여 명의 근로자가 파견되었다. ⓒ 파독근로자기념관

욱이 전년도의 광산 폭발 사고 소식 등등 광부 모집에 큰 어려움이 예상되었기 때문입니다.

하지만 정부의 이런 걱정은 기우였습니다. 방송과 신문 등을 통해 파독 광부 모집 공고가 나가자 사람들은 많은 관심을 보였습니다. 무엇보다 돈을 많이 벌 수 있다는 게 주효했습니다. 한국에서 노동자로 살아가는 것보다 몇 배, 아니 많게는 몇 십 배를 벌 수 있었으니까요. 1960년대 한국은 빈곤국이었습니다. 우리의 경제적 삶 역시 아주 빈곤했지요. 그 같은 가난을 떨쳐내고 많은 돈을 벌 수 있다는 광부 모집 소식은 사람들의 호응을 얻기에 충분했습니다.

다만, 광부 선발 방법이 다소 논란이 되었습니다. 기본적으로 서류심사를 통해 1차 대상자를 가려냅니다. 광산 일에 적합한 신체 조건을 갖쳤는지, 광업 관련 일을 한 경험이 있는지 등을 확인하는 절차였지요. 2차는 필기 및 구술시험이었습니다. 필기시험 과목은 한국사와 영어였습니다. 광부로 일하는데 왜 필기시험이 필요할까요? 당시는 반공 의식이 투철한 시기였습니다. 이에 정부는 자국민을 외국에 보낼 때 혹시나 공산주의 세력에 포섭되지 않을까를 우려했습니다. 그래서 자유주의국가 의식과 민족의식에 관한 소양 여부를 확인하기 위해 한국사 시험을 본 것입니다. 영어 능력은 외국에서의 생활은 물론 독일에서 광업 기술을 배울 때 필요하다고 보았습니다.

이렇게 보면 굉장히 까다로운 선발 과정이 아닐 수 없었습니다. 그럼에도 사람들은 몰렸습니다. 광산 일이 힘들고 위험하다는 것을 모르는 바는 아니었습니다. 하지만 한국에서 일하는 것과는 비교할 수 없을 정도로 많은 돈을 벌 수 있기 때문이었습니다. 그렇다고 열정만으로 되는 것도 아니었지요. 선발 과정이 까다로웠기에 실격당하는 사람들도 많았습니다. 먼저 신체 조건에 부합하지 않는 사람들이 탈락했습니다. 한편으로 가짜 서류로 인해 탈락한 사람들도 속출했습니다. 광산취업증명서를 돈을 주고 사서 노동청에 허위로 제출하였다가 적발된 것입니다. 이들에게 증명서를 내준 광산은 실제로는 운영되지 않는 유령 광산이었던 것입니다.

독일 루트 탄광에 파견될 광부 3백 67명이 마지막으로 확정되었다. 이들은 지난 22일 총 2천 8백 94명의 응모자 중 1차 합격자 7백 65명 중에서 국사, 영어 등 필기시험과 구술시험을 거쳐 합격한 것이다. 이들은 금년 안으로 독일 탄광에 보내질 것이며, 3년 동안 매월 1백 62달러 50센트를 받게 된다. 출발에 앞서 이들에게 합숙 훈련이 실시될 것인데 정확한 날짜는 아직 정해지지 않았다.

– <경향신문> 1963년 9월 28일자 기사

이렇듯 여러 논란이 있었지만 1963년 독일에 1차로 파견될 광부가 최종 선발되었습니다. 그 뒤로 독일로의 광부 파견은 1970년대까지 계속 이루어졌습니다.

이후 파독 근로자는 간호사와 간호조무사로 확대되었습니다. 당시에 독일은 간호 인력도 많이 필요했습니다. 그런 중에 1966년 독일 마인츠 대학병원에 근무하던 한인 의사의 주선으로 간호 인력 파견이 본격적으로 시작되었습니다. 이 과정에서 광부를 파견할 때처럼 간호 인력에 대해서도 정부가 모집과 파견을 주도하였습니다.

독일에서의 삶 그리고 대한민국
• • •

독일로 간 광부 중에는 선발 절차의 어려움 때문인지 고학력자도 많았습니다. 고졸 이상의 학력자가 많았는데, 훗날의 이야기이지만 파독 광부 출신 중에 나중에 대학교수가 된 사람도 확인된 경우만 수십 명에 이른다고 합니다. 사실 1960~70년대에는 고졸 학력 이상자가 그리 많지도 않았지요.

파독 광부 중에는 교사도 있었습니다. 가난한 집안에서 어렵사리 대학에 진학해 고등학교 교사까지 되었던 사람이었지요. 하지만 교사로서 그의 삶은 크게 나아지지 않았습니다. 27세였던 그는 부모와 동생의 생계까지 책임져야 했던 실질적인 가장이었지요. 교사의 봉급으로 가족 생활비, 동생 학비 등을 대고 나면 남는 게 거의 없었습니다. 어떻게 해서든 상황을 타개할 돌파구가 필요했습니다. 바로 그때 파독 광부 모집 공고를 본 것입니다. 파독 광부의 봉급은 교사의 5배에 달했습니다. 그래서 3년 계약의 광부에 지원하게 된 것입니다.

이처럼 파독 광부로 선발된 사람들의 사연은 각양각색이었습니다. 그렇다면 독일에서 파독 광부, 파독 간호 인력의 삶은 어떠했을까요?

파독 광부들은 탄광 일 이전에 문화적인 이질감으로 많이 힘겨웠습니다. 초기에 이들은 독일인 광부들에게 온갖 무시와 조롱을 당해야만 했습니다. 말을 알아듣지는 못해도 그들의 말투와 표정에서 자신들을 대하는 태도를 알 수 있었지요. 파독 광부들에게는 독일에서의 삶도, 하는 일도 모두 낯설었습니다. 처음에는 모르는 것이 많아 실수가 잦고 독일 광부처럼 많은 성과를 내지 못했을 것입니다. 게다가 당시 독일 사람들은 빈곤국 한국, 아니 평생 들어보지도 못한 나라에서 이 먼 곳까지 온 우리 광부들에 대해 좋지 않은 선입견을 가지고 있었는지도 모릅니다. 마치 오늘날 동남아시아의 이주 노동자들에 대해 초기에 우리가 가졌을 편견과도 비슷한 것 말이지요. 이러한 현실에서 파독 광부들은 의기소침할 수밖에 없었습니다.

또한 탄광에서의 일은 그들이 생각했던 것 이상이었습니다. 상상을 초월했다고 하는 게 더 정확한 표현일지도 모르겠습니다. 원래 파독 광부의 선발 조건은 탄광 경험이 있는 것이었습니다. 하지만 실제 선발 과정에서 이런 조건이 무시되는 경우가 흔했다고 합니다. 많은 인원을 보내야 하는데 이런저런 요건을 모두 충족시키려면 대상 인원을 확보할 수 없었기 때문이지요. 그래서 파독 광부 중에는 탄광 경험이 전혀 없는 사람들도 있었다고 합니다. 탄광을 경험한 사람에게도 힘들고 어려운 게 광부 일일 것입니다. 그런데 경험조차 없는 사람들의 그 시작은 얼마나 힘겨웠을까요?

막장의 고온부터가 이들을 힘들게 했습니다. 막장은 갱도의 마지막 지점, 그러니까 탄광의 가장 깊숙한 곳을 말하지요. 파독 광부들은 깊게는 1,800미터 땅 속에 있는 막장까지 가서 일해야 했습니다. 그곳의 온도는 35도, 높을 때는 무려 45도까지 오른다고 합니다. 사우나 같은 곳에서 일한다는 것 자체도 어려운데, 온종일 석탄을 캐는 일은 정말 힘들었을 테지요.

그래서 복장을 제대로 갖추지 못하는 경우가 많았습니다. 원래 탄광 안에서는 안전장비를 제대로 착용해야 합니다. 마스크는 기본이고 무릎 보호대 같은 각종 안전장비를 착용해야 하지만, 덥다 못해 푹푹 찌는 곳에서 이를 제대로 갖추고 일을 하기는 힘들었습니다. 안전장비는커녕 땀으로 흠뻑 젖은 옷을 입는 것 자체가 여의치 않아 옷을 벗고 작업하는 경우가 다반사였습니다. 안전이 중요한 줄은 알면서도 광부들은 사고 위험에 노출될 수밖에 없었고, 실제 재해를 당하는 경우도 종종 있었습니다.

파독 광부들을 괴롭혔던 또 하나는 탄가루였습니다. 환기가 제대로 되지 않는 곳에서 탄가루를 흡입하면 진폐증에 걸릴 위험성이 컸습니다. 진폐증은 말 그대로 폐에 탄가루가 축적되어 폐 관련 질병을 일으킵니다. 생명을 위협하는 아주 위험한 병이지요. 그래서 파독 광부들은 진

파독 광부의 뒤를 이어 1만여 명의 한국인 간호사가 독일 병원으로 파견되었다.
ⓒ 주독일 대한민국 대사관

폐증에 걸리지 않기 위해 코담배를 마셨습니다. 약품의 하나로써 코담배를 마시면 폐에 들어간 석탄 분진이 콧물과 함께 나오곤 하였지요. 하지만 약품이 모든 것을 해결해주지는 못했습니다. 당시 많은 파독 광부들은 약해진 폐로 인해 폐의 깊은 곳에서 나오는 기침을 달고 살았다고 합니다.

그런데 푹푹 찌는 고온, 그리고 무차별적으로 날아드는 탄가루보다 파독 광부들을 더 힘들게 하는 게 있었습니다. 바로 사고 현장을 목격하는 것이었습니다. 함께 일하는 동료의 손이 잘려나가고, 엄청난 무게의 암반 덩어리에 깔려 목숨을 잃는 동료를 보는 날이면 정말 그 공포와 고통을 이루 헤아릴 수 없었습니다. 어쩌면 다음 순서는 자기가 아닐까 하는 두려움 때문이었지요.

간호사와 간호조무사 등 간호 인력들도 힘든 것은 마찬가지였습니다.

기본적인 간호 업무는 물론 시체를 옮기고 닦는 일 등등 남들이 꺼리는 일도 마다하지 않았습니다. 밤샘 근무와 휴일 근무를 하면 조금이라도 더 많은 수당을 받을 수 있기에 일을 자청해서 하기도 했습니다. 이런 일들이 왜 힘들지 않을까요? 하지만 이들은 어떻게든 일을 해야만 했습니다. 그래야 고향의 집으로 돈을 더 보낼 수 있기 때문입니다. 그럼에도 이국에서의 힘든 병동 생활 속에서 간호 여성들의 눈물은 마를 날이 없었다고 합니다.

이렇듯 파독 광부와 간호 인력은 낯선 독일 땅, 힘들고 위험한 근무 환경 속에서도 묵묵히 일해야 했습니다. 그들에게는 절실함이 있었습니다. 그것은 아무리 힘들어도 포기하지 않고 꼭 해내고 말 것이라는 절심함이었습니다. 지친 몸을 이끌고 숙소에 돌아와 꺼내드는 가족사진 한 장은 그들에게 커다란 희망이자 눈물이었습니다.

한편 이들의 근면하고 성실한 태도는 독일 사람들에게 깊은 인상을 주었습니다. 처음에는 반신반의하고 무시하는 시선으로 보았던 독일 사람들이 이제 신뢰와 감동의 눈빛을 보내기 시작하였습니다. 특히 간호사와 간호조무사의 헌신적인 태도는 독일 언론에도 종종 소개될 정도였습니다. 파독 근로자들이 이처럼 인정을 받으면서 계약 기간이 끝날 무렵에는 계약 연장 제안을 받는 경우도 흔히 있었다고 합니다.

1960~70년대를 거치며 파독 근로자들은 정말 헌신적으로 일하였습니다. 그리고 이렇게 번 돈을 송금해 가족의 생계를 유지해 나갔습니다. 동시에 당시의 우리나라 국제 수지 개선에도 많은 도움이 되었습니다. 이들이 벌어들인 외화는 한때 우리나라 수출 총액의 23퍼센트에 이르기도 했다고 합니다. 그야말로 우리나라 경제 성장에 큰 기여를 한 것

서울 양재동에 있는 파독 근로자 기념관의 내부 모습. 이곳에는 파독 광부와 간호사들의 근무 환경과 생활상, 그들의 시대적 역할을 엿볼 수 있는 다양한 자료들이 전시되어 있다. ⓒ 김헌석

이지요.

하지만 그처럼 조국을 위해 헌신하고 기여한 것에 비해 이들의 삶은 후세 사람들에게 잘 조명되지 못한 게 사실입니다. 그나마 2000년 대 들어 이들에 대한 사회적 관심이 조금씩 높아지고 있는 것은 다행이 아닐 수 없습니다. 특히 2013년에는 '근로자 파독 50주년', '한독 수교 130주년'을 맞아서 고용노동부와 한국산업인력공단, 사단법인 한국파독연합회가 공동으로 파독 근로자 기념관을 세우기도 하였습니다. 이 기념관에는 당시의 광산 및 간호 환경을 재현한 시설과 각종 장비와 복장, 근로자들의 일기와 편지 등으로 꾸며져 있습니다. 이국땅 독일에서 흘렸던 근로자들의 땀과 눈물을 잠시나마 되새겨볼 수 있는 소중한 공간이 아닌가 싶습니다.

파독 근로자 외에도 대한민국이 성장하고 발전하는 데 큰 힘이 되었던 분들이 많습니다. 1970년대 석유파동(오일 쇼크)으로 국제경제가 휘청거릴 때 중동 사막 한가운데서 송유관 공사를 하며 외화를 벌어들인 중동 근로자들, 하루 12시간 이상의 고된 노동과 너무도 보잘것없는 봉급 속에서도 잘살아보겠다며 피땀을 흘린 국내 산업현장의 근로자들. 이들이 있었기에 대한민국은 '한강의 기적'을 이룰 수 있었습니다.

우리의 역사도 마찬가지일 것입니다. 고조선부터 대한민국에 이르기까지 우리의 역사는 시련과 고통이 있었을지언정 한 번도 퇴보하지 않고 발전하였습니다. 한국사의 발전 과정에는 백지 한가운데의 까만 점처럼 눈에 띄는 영웅들도 있었고, 비록 눈에는 잘 들어오지 않지만 백지의 많은 부분을 차지하는 여백과도 같이 전체를 떠받쳐온 우리가 있었습니다.

앞으로도 우리 역사는 그렇게 발전할 것입니다. 우리 조상들이 그러했던 것처럼 지금의 우리도, 앞으로 대한민국의 미래를 책임질 우리의 후손도 그 길을 걸을 것입니다. 그래서 우리는 언제나처럼 한국사에 감동하게 될 것입니다. '한국사에 감동하다' ♣

본문의 도판 사용과 관련해 도움을 주신 김헌석(파독근로자기념관), 모실(경주타워), 박병수(황룡사 모형), 박재봉(선원보각), 안문경(이준기념관), 유라(고인돌박물관) 님 그리고 문화재청과 국립중앙박물관, 해외홍보문화원, 한국지역진흥재단, 우당기념관, 파독근로자기념관에 고마운 마음을 전합니다.

세계에 자랑해도 좋을 감동의 역사를 읽는다!

한국사에 감동하다

초판 1쇄 발행일 | 2015년 4월 25일
초판 3쇄 발행일 | 2018년 12월 1일

지은이 | 원유상
펴낸이 | 이우희
펴낸곳 | 도서출판 좋은날들

출판등록 | 제2011-000196호
등록일자 | 2010년 9월 9일
일원화공급처 | (주)북새통
(03955) 서울시 마포구 방울내로 7길 45 2층
전화 | 02-338-0117·팩스 | 02-338-7160
이메일 | igooddays@naver.com
디자인 | 우진(宇珍)
copyright ⓒ 원유상, 2015
ISBN 978-89-98625-08-5 03910

* 출처가 명확하지 않은 본문 도판은 저작권자와 추후 협의할 수 있습니다.
* 잘못 만들어진 책은 서점에서 바꾸어드립니다.

한국사에 감동하다 : 세계에 자랑해도 좋을 감동의 역사를 읽는다! /
지은이: 원유상. ─ 서울 : 좋은날들, 2015
    p. ;   cm
ISBN 978-89-98625-08-5 03910 : ₩12800
한국사[韓國史]
한국 문화사[韓國文化史]
911-KDC6
951.9-DDC23   CIP2015011068